朱莉萍校长和孩子们

朱莉萍名校长工作室

朱莉萍名校长工作室成立于2017年2月，工作室在朱莉萍校长的带领下，以“提升学校文化，促进学校发展”为主题，以教育实践为载体，构建校长发展共同体，努力提升成员的综合能力，推进学校的文化建设。朱莉萍校长带领她的七位成员校长，主动学习先进教育理念，积极开展校际交流与合作，相互诊断学校发展中存在的问题，共享办学经验与优质教育资源，形成了校际互助、携手共进的良好发展态势。工作室不仅从理论学习和实践引领这两个途径加快对成员校长的培养，还将校长之间的交流延伸至工作室各成员学校之间的广泛交流与合作，从学校管理、教师、学生三个层面展开了深入融合的交流，迅速带动成员学校的快速发展。

团队成员

校长
合肥市莲花小学
姚赛明月

校长
巢湖市司巷小学
尹亚卓

副校长
合肥市临泉路第一小学
柳敏

执行校长
合肥市西园新村小学南校
刘春燕

执行校长
北校西园校区
合肥市西园新村小学
王建民

校长
庐江县汤池镇松元小学
张钰

副校长
肥西县肥光小学
徐应阔

用德蕴蓄一种力量

——朱莉萍名校长工作室教育工作实践探索

YONG DE YUNXU YI ZHONG LILIANG

——ZHU LIPING MING XIAOZHANG GONGZUOSHI JIAOYU GONGZUO SHIJIAN TANSUO

朱莉萍◎主编

时代出版传媒股份有限公司
安徽文艺出版社

图书在版编目（CIP）数据

用德蕴蓄一种力量：朱莉萍名校长工作室教育工作实践探索/朱莉萍主编. —合肥：安徽文艺出版社，2021.2（2023.4重印）
ISBN 978-7-5396-7034-8

Ⅰ. ①用… Ⅱ. ①朱… Ⅲ. ①小学教育—教育研究—文集 Ⅳ. ①G622.0-53

中国版本图书馆CIP数据核字(2020)第163691号

出 版 人：姚　巍　　　　策　　划：刘姗姗
责任编辑：周　丽　　　　装帧设计：徐　睿

出版发行：安徽文艺出版社　www.awpub.com
地　　址：合肥市翡翠路1118号　邮政编码：230071
营 销 部：(0551)63533889
印　　制：阳谷毕升印务有限公司　(0635)6173567

开本：710×1010　1/16　印张：14　字数：230千字
版次：2021年2月第1版
印次：2023年4月第2次印刷
定价：39.00元

目　录

合肥市西园新村小学南校

合肥市莲花小学

合肥市西园新村小学北校

合肥市临泉路第一小学

巢湖市光明小学

庐江县汤池镇松元小学

安徽省肥西县肥光小学

序

用德蕴蓄一种力量

朱莉萍

教育是育人的事业。《荀子》中“不知则问,不能则学,虽能必让,然后为德”,《词源》中的解释:德,指道德、德行,德还有恩惠、感激、福利之意。杜威说,从最宽泛的意义上说,教育即道德。教育的道德表现为对学生的爱。可见,德是教育中的一种极为强大的力量。

立德树人是学校的根本任务。教育应该创造条件,促使儿童认知能力不断提升,形成正确的世界观、人生观、价值观,具有独立的判断能力和思考能力,成为真正的人,为社会贡献自己的价值。

我担任过多年的少先队辅导员,深知少先队工作是学校工作中不可替代的重要组成部分,是实现“立德树人”的主阵地。

《少先队改革方案》指出:少先队的基本定位是中国特色社会主义事业战略

预备队，以思想引导为灵魂，坚持开展组织教育、自主教育、实践活动，教育少年儿童听党的话，跟党走，自觉培育和践行社会主义核心价值观，为实现中华民族伟大复兴的中国梦时刻准备着。

我们合肥市西园新村小学南校教育集团坐落于合肥市政务区美丽的天鹅湖畔，学校的天鹅文化由来已久。多年来，我们一直秉承“每一个孩子都是飞翔的小天鹅”的办学理念，在“润德启慧、培养习惯、张扬个性、全面发展”这些育人目标的指引下，开展丰富多彩的少先队实践活动，培养“星火少年”。

我们从儿童的需要和视角出发，以体验教育为根本途径，将少先队活动进行梳理、归纳，研发出“红领巾实践活动课程”，将其整体规划为三个层级的课程框架。第一层级：礼仪活动课程；第二层级：实践体验课程；第三层级：在逐步推进中，迈入世界的全景课程。在空间设计上，我们遵循了由课内延伸到课外、由校内拓展到校外、由国内走向国际的规律，让儿童在不断的实践中积累经验，在经验的不断丰盈中茁壮成长。通过课程，我们构建了一个队员们喜闻乐见、人人皆有所得的成长乐园。

教育是一种潜移默化的影响

注重礼仪是中华民族传统美德。新时代对“礼仪教育”的诠释，更是要求将其内化为个人修养和行为习惯。我们精心设计的礼仪活动课程应运而生。我们的红领巾礼仪活动课程，将课堂教育、日常养成、情景模拟和四次典礼相结合，从学礼仪、知礼仪、用礼仪，到将其内化为生命的一部分，自此，形成了一个系列的整体性课程。“润物细无声”，我们要让每一位学生，从入校的那一刻起，就时时刻刻受到教育的影响。

礼仪课程精心设置，注重养成。

学校开发编写了校本教材《文明礼仪我先行》，根据学生的不同年龄段特点，在教材内容上进行层级设计，在教学方式上进行多元选择，体现了科学性、系统性、层次性和实践性。

一、二年级，侧重《礼仪三字经》的诵读学习，内容涵盖了队前教育、少先队礼仪、课堂行为规范、队列行为规范、学习习惯养成等应知应会的基本礼仪。

而三年级是儿童行为习惯、学习态度从可塑性强转向逐渐定型的重要过渡阶段，进一步强化社交礼仪、电话礼仪、拜访礼仪、接待礼仪等的学习，让他们在自己的学习、生活中的方方面面开始应用礼仪。

为了体现“队员的阵地队员管，队员的活动队员做”的思想，在四年级我们还开展了“队员自主课”。学期初，队员根据自己的兴趣爱好选择一项礼仪活动作为上课内容，由辅导员进行筛选、排列上课秩序表，安排在中队会课之中。队员自己写方案、制作PPT，和同学一起磨课、试讲，队员们的积极性大大提高；茶艺、插花、形体、口语表达等自主课内容，已成为弟弟妹妹们的必修课程。动员五年级的队员在学校内进行“好习惯微视频”主题拍摄，通过正确行为与错误行为的对比，利用直观教育，强化队员良好的行为习惯。

四次典礼促进学生内外兼修。

为了锻炼队员的内省认知能力，获得全面而真切的情感体验，形成组织的光荣感和归属感，我们还精心设置了一系列的仪式活动。

开笔礼：新生入学时，开展以“开笔启智，圣贤为师”为主题的开笔礼活动。由礼官诵读《开笔礼辞》，“先生”们为学生点朱砂开智。学生用稚嫩的小手执笔，认真地写下一撇一捺。“人”，这是他们人生中学写的第一个字，笔画简单，却蕴含着深刻的含义：一笔写道德，一笔写才能，做一个德才兼备的中国人。一个大写的“人”，一段开蒙的人生，意味着学生正式进入了求学生涯。

入队礼：在每年的儿童节前夕，学校会举行盛大、庄严的入队礼，通过“三旗传递”这一“党、团、队”相衔接的组织意识教育，让一年级的学生深刻地体会到成为少先队员的责任感和荣誉感。庄重的仪式激励着学生热爱自己的祖国，珍惜幸福生活，加倍努力学习。

成长礼：十岁，进入了“少年”这一阶段，标志着队员的人生迎来了一个新的起点。学校精心规划成长礼，旨在让学生体验成长的快乐，理解父母的养育之恩、师长的教诲之恩，学会感恩，懂得分享。队员经过十岁盛典的洗礼，必将带着梦想踏实前行，遇见最好的自己。

毕业礼:临近毕业,作为每一年的保留仪式,学校会组织六年级队员前往名人馆,参加“追寻名人足迹,扬起理想风帆”的主题毕业礼。队员进行齐唱国歌、感恩师长、老师赠言、读父母写给自己的一封信等仪式。仪式之后,队员跟老师一起缅怀名人、树立志向,心怀梦想,锐意启航。

教育是一种心思巧妙的激发

实践体验课程强调实践,注重学生的亲身体验,引导学生通过“体验式学习”来积累经验,感悟人生,全面地认识世界。教育不是灌输,它要通过精心设计来激发学生正确的情感价值观,让核心价值观在学生生命中“落地生根”。

节日课程注重文化传承。

由春节、端午、中秋等节日连接起来的中国传统节日宛如一幅历史文化长卷,包含着丰富的内容和礼仪形式。而如今的少年儿童对传统节日文化的了解出现了严重的缺失,弘扬优秀传统文化迫在眉睫。我们细致梳理了中国传统节日,抓住春节、清明、端午、中秋四大节日,围绕三种课型(队会、小队、仪式),联动三类人群(队员、家长、教师),利用三方资源(少先队、家庭、社区)系统规划学校少先队工作行事历,让民族文化、民族精神、民族情感在传统节日活动中落地生根,为每一位队员增添更多的成长动力因子。

特色六节彰显学校活力。如果说传统节日课程为学校少先队建设搭建了共通的平台,那特色节日课程则是队员发挥智慧、展示个性的舞台。我校有淘宝节、数学节、科技节、艺术节、阅读节、体育节。以科技节为例,我们会开展一系列大型的科技活动,如科技嘉年华、科技动手做、科普周等,动员全体学生参加科技制作与展示,激发学生创新、创造的欲望,从而培养学生的多种能力。在科技节中,六年级开展的“庆港珠澳大桥全线通车,西小六年级桥梁模型比赛”活动,深受师生好评。科技组还筹备组建“家庭创客联盟”,将科技活动与家庭教育有机结合起来,形成家校合力,共同开展特色活动课程教育新模式,惠及更多西小学子。

生命教育健康身心。满足队员在平安自护、身心健康、学习成长、社会生活、网络安全等方面的成长需求，利用安全教育课、安全疏散演练、心理健康课、素质拓展活动，帮助学生认识生命、爱护生命、敬畏生命、发展生命，为学生的终身发展奠定基础。

志愿服务传送关爱。为了充分发挥队员的责任意识和实践能力，创造少先中队人人可为的良好局面，开展志愿服务活动，如人口普查宣传、学雷锋、关爱贫困人群、远离毒品宣传、预防溺水、上街推广普通话、重阳节敬老、爱心义卖捐助患病儿童等一系列活动，既增强了队员们的公益观念，又培养了他们的劳动技能和意识，对队员们的健康成长、和谐发展起了积极的推动作用。

教育是一种尽情体验后的绽放

当实践的场所从国内拓展到国外时，我们将课程升级，设置了“全景课程”。这是一种纵观世界的开放型课程，让学生尽情体验国际化的教育。只有感受、理解、包容多元文化，队员们才敢于在国际舞台上展现自我，教育的花朵，才能勇敢绽放。

聚资源，勤交流，感受中华文化。

合肥地处中部地区，南北交通方便。队员走出校门，踏足湖南、贵州、海南……追寻红色文化、探索未知世界、体验风土民情、感受大好河山，增强他们爱祖国、爱家乡的情感。

合肥作为安徽的省会城市，我们很早就有了加强文化多元共存与整合，构建交流、理解、融合、共享为一体的区域教育国际化发展意识。我们与香港启基学校签订了友好合作协议。多年来，我们双方始终保持着良好的合作交流关系，互相感受对方学校的教育教学环境和人文气息。

拓视野，融文化，走向国际舞台。

为了拓展视野，增长见识，我校还带领高年级队员前往美国、加拿大、奥地利、韩国等地开展国际研学活动，与世界不同地方的小伙伴们一起上课、游戏、演出，了解他们的文化，也带去我们的文化，促进了师生对世界各国文化的认同、理解和包容，让队员有“中国心和世界眼”。我校“徽风皖韵花鼓娃”应邀参加维也纳金色大厅新年音乐会演出，校合唱团参加国际合唱节，学生管乐团参加国际管乐大赛，机器人社团参加美国第十九届国际家用机器人比赛……这些活动让我们的红领巾课程成为展个性魅力、融入国际教育的大舞台。

古文中的“德”字的意思是“所行之路”的方向。少先队工作就是要让队员在“行走”中实践，在实践中成长。

教育是一种影响，更是一种塑造。让我们接过鲜红的旗帜，坚定地践行光荣使命，从传统文化中汲取营养，从实践体验中激发力量，在全景课程中尽情绽放。我们努力为学生的终身发展涂上一层底色，让他们能够长久幸福！

合肥市西园新村小学南校

浅谈课程文化发展之路

朱莉萍

学校的课程文化在学校各项工作中的重要性,在今天已经被教育界的同行充分认识。2017 年,全国首届品质课程大会在合肥召开。无论是我在会上回顾的学校课程建设工作的历程,还是我校作为品质课程大会的现场观摩学校,都获得与会者的高度赞扬。回顾学校的课程文化建设,早在 2010 年我在北京师范大学学习时,有幸聆听了多位专家的精彩讲座后,我便一直在思考:学校到底需要什么样的课程?学生到底喜欢什么样的课程?带着自己的一些朦胧想法,回来后,我同班子成员一起多次沟通交流,并达成共识:有什么样的课程就有什么样的学校生活。我们将尽最大能力为学生提供更加丰富多彩的课程,全面提升他们的综合素质,为他们的童年增添一抹色彩,增加更多的快乐。于是,我们结合学校的办学目标,开始了大胆实践:从每人结合自己的专长尝试设计一份校本教材开始,到我们大胆开课设节,在每个周五下午开设“幸福 DIY”课程专场,再到今天我们组成专业教师团队,进行课程整体设计,一晃近十年过去了,今天的我们在专家团队的帮助下,更有能力、有胆量、有方法去开发、实施和评价课程。

一、学校文化引领课程

说起课程文化,那就要提到学校文化。一所学校的文化是在长期的办学实践中,经过沉淀,逐步积累形成的,本身具有一定的传承性。学校扎根政务新区天鹅湖畔后,我们从“天鹅”二字做文章,首先从天鹅的生活习性中提炼出性格品质。安徒生童话中丑小鸭变成白天鹅的故事激励了许多平凡的人,只要不懈追求,努力进取,即使身处逆境,最终也能实现自己的理想。这是天鹅的良好品质,更是西小学子的优秀缩影。我们认为,学生的教育过程本身也是这样的。最终,我们将学校文化定位为"天鹅文化",将"真、纯、善、美"作为天鹅文化的落脚点,并重新梳理了学校的办学理念——让每一个学生都成为飞翔的小天鹅,明确了育人目标——培养至真、至纯、至善、至美的"小天鹅"。在此基础上,我们打造课程文化,开发设计小天鹅课程,确立了课程理念:小天鹅,从这里起飞!我们将四个育人目标细化为十六个课程目标,并落实到每个年级段的学习要求中。

二、细化实施推进课程

如何让这些冰冷的课程目标变成生动的课程,让学生得到发展,我们将"小天鹅课程"细化,形成了独有的"六小课程"体系。我们以"科技创新动手做"为核心,推进"小科学家课程"的实施;以"星光大道"为平台,推进"小艺术家课程"的实施;以"阳光体育"为抓手,推进"小健将课程"的实施;以"小天鹅文学社"为载体,推进"小文学家课程"的实施;以"综合实践"为途径,推进"小能手课程"的实施;以"'天鹅之星'评选"为抓手,推进"小绅士(小淑女)课程"的实施,让学生在"六小课程"中获得全面发展。在这"六小课程"中,我们整合了国家基础课程,自编校本教材,开发了校本课程,形成了一个循环的阶梯状的课程体系,系统地培养学生的各种能力,以达到"小天鹅课程"的目标。

首先,根据国家课程标准,将语文、数学等所有国家课程纳入"小天鹅课程",打造"纯美课堂"。例如,依托语文课进行小文学家的培养,在数学、信息、科学、综合实践等课程中培养小科学家。学校按照小天鹅课程的目标,制定"纯美课堂"的课堂标准。纯:以学生为中心,以学生真实、真正的发展为起点和依据,追求真实的课堂,创造简约、灵动、高效的课堂境界。美:课堂浸透着浓厚的文化气息,向学生传达集力量、美妙、逻辑于一体的思想,放飞学生的心灵,追求教学的艺术境界。

其次,将国家课程校本化。为了将"小天鹅课程"的育人目标落实到课程中,从 2010 年起,我校陆续研发出八套校本教材,并将这八套十一本校本教材渗透到国家课程中,确保课程落实到位。在校本教材的使用上分层实施、科学设置、合理安排,做到有序而系统。1. 定时:每本教材均有固定的教学时间,有的是每周一课时,有的是每两周一课时。如《综合材料创意制画》在每届一年级的手工课上使用,每周固定一课时;《小学生礼仪手册》在每届二年级与《品德与生活》相结合,每隔一周一课时。2. 定量:每册校本教材均有规定的使用周期,有的需要在一学年内完成授课计划,有的则需要在两学年内完成。3. 分层:根据校本教材的内容特点,设置时结合不同年级的学生特点分层使用。如《心理健康教育》共四册,内容依据 3 ~6 年级不同学生年龄特点进行编写,在使用时依据不同年级的特点分年级使用。4. 活用:除固定教学时间外,学校还鼓励教师将校本教材与日常教学有机结合,进行学科渗透。如将《话说咱合肥》的内容与综合实践课有机结合,利用形式多样的活动,激发学生热爱家乡的情感。班主任除了在周会上结合《安全的翅膀》进行安全教育外,还将安全教育贯穿于班级日常管理当中。5. 循环:我校的校本教材全部由学校出资,让学生免费使用,采用“绿色、环保”的使用策略。通过近六年的使用,这套校本教材获得了家长、学生的一致好评。

积极开发校本课程。为了丰富“六小课程”体系,我们在确保开齐国家基础课程的基础上,每周五下午开设了“幸福 DIY”(Do It Yourself:自己动手做)课程。“幸福 DIY”课程专场依据教师结合个人专长申报、学生选择的自主性原则,围绕“六小课程”体系,开设了四十多节形式不同的校本课程。在校本课程的管理上,我们实行“四个突破”的原则,即突破时间、空间、学科和师资的界限。在时间上,我们在确保国家基础课程的基础上,挤出每周五下午两节课的时间开课。在空间上,实行“跑班制”,学生可以跨年级选择自己感兴趣的课程,教学不是仅仅局限在教室内,而是学校的每一处长廊、水池、功能室等,只要能用的都尽可能利用起来。在学科上,教师充分发挥个人专长,大胆尝试跨学科教学,甚至一节课安排两位任课老师同时上课。在师资上,不仅有本校教师,还邀请了有一技之长的家长、社区热心人士以及专业人员到校授课,如游泳、插花艺术等。随着校本课程的不断深入,今天,我们的校本课程的管理模式已经形成了学生“跑班”、教师

"跑班"、专业队定点三种模式，而我们的校外辅导员队伍也越来越壮大，真正让"幸福 DIY"成了学生幸福的源泉。

除此之外，我们秉承活动即课程的理念，开设丰富的活动课程，为学生搭建实践、锻炼的广阔舞台。在时间安排上，由每天的课后延伸到学生的节假日；在空间设计上，由校园内拓展到校外，由国内走向国际，让学生在实践中体验，在体验中成长 。

以"小科学家课程"为例，一方面我们通过"纯美课堂"充分挖掘国家基础课程中的科学因素，对学生进行科学素养和科学能力的培养，同时通过"幸福 DIY"的兴趣课程，让学生选择自己喜欢的课程，培养兴趣爱好和动手实践能力，如航模制作、小小创客家、科技小实验、电子百拼、科技小发明等。我们还在一年级同步开发信息技术校本教材，开设信息课，并引进具有挑战性、趣味性和可操作性的乐高课程。在课后，通过校内外丰富多彩的活动课程为学生搭建了学习和展示的舞台，小到每年校内的"科技信息节""科技动手做"比赛，大到登上国际机器人比赛的舞台，让学生在兴趣和体验的引领下不断深入学习，提升学生的科学素养和能力。

如上所述，打造"纯美课堂"、国家课程校本化、开发校本课程，这三个方面并不是孤立的，而是互相融合、彼此促进、互为补充的，共同推进了"六小课程"的全面实施。

三、科学评价跟踪管理

课程评价，是学校对本校课程进行质量分析和监控的过程，也是学校对课程进行跟踪管理的过程。我校主要从问卷调查、多元评价、多彩平台这三个方面进行评价。

首先，我校充分利用调查问卷对课程的设置结构、科目种类、校本教材、教师授课等进行综合评价。通过对一系列数据的分析，对下一步的课程建设进行及时调整、内容上进行增减和完善。

其次，坚持以过程评价为主、多种评价方式相结合的多元化评价机制，建立并逐步完善校本课程的学生评价体系，初步从随堂练习、作品展示、竞赛活动三个方面综合评价。例如美食美味课、航模课等，通过制作一道美味、一件航模作品来实施评价，书法课、数字油画课，通过递交一份作品来实施评价等。我们还根据每门课程的自身特点设定不同的评价标准，如“小科学家课程”会集中展示学生制作的科技作品；“小艺术家课程”会呈现一台异彩纷呈的舞台表演；“小文学家课程”会以经典诵读等形式来展示；“小健将课程”会以充满韵律的啦啦操、广播操表演或田径竞技等形式来展示；“小能手课程”会集中展示能工巧匠的智慧结晶；“小绅士（小淑女）课程”将会培养出更多的“天鹅之星”。

最后，学校提供丰富的课程展示平台展示学生所学成果，如作品墙、成果廊、展示厅、参加比赛、汇报演出等等，让每个学生都有展示的舞台。当然，学生收获的不仅是技能，更多的是成功和自信！

在多年的实践中，实施的“六小课程”，提高了西小学子综合素质，促进了教师的专业素养，提升了学校的品牌内涵。

在课程建设的道路上，我们且行且思，我们关注的是课程，更是学生的全面发展和综合素养的提升。“为每一位学生设计全面而富有个性的课程”是我们西小人一直以来孜孜以求的教育理想。无论我们走得多远，都不会忘记我们为什么而出发，那就是让师生多元、幸福地成长！

让校园充满欢声笑语

刘春燕

素质教育到底应该以什么样的方式来展示？到底用什么来衡量素质教育的水平？我一直在思考。我在校园里观察师生们的一举一动。校园里最近发生的几件事似乎让我找到了答案。

镜头1:水房旁边的失物招领柜

学校一楼水房旁边有个失物招领柜。柜子里总是整整齐齐地放着叠好的衣物、文具等。无论是谁，在学校里捡到物品就主动地把物品放进这个失物招领柜，这个柜子没有锁，是敞开式的，谁都可以放，谁都可以随意拿。有一次课间，我在这个失物招领柜前面听到了两个大概是二年级学生的一段对话：

甲:找到了吗？这儿有你丢的那把尺子吗？

乙:这把尺子有点像，但是我不敢肯定哎。

甲:那你仔细看看，到底是不是呢？

乙:看起来是一模一样的，但是我的那把好像比这一把稍微新一点呢。

甲:那说不定就是你的，你的这把尺子很特别，我一直都没看到过一模一样的呢。

乙:那我也不能乱拿，万一是另外一个同学的，那他也会着急的。先放在这里吧，等到这学期结束的时候，再没有人认领，估计就是我的。就让它在这里睡睡觉吧！

学生的文具很多都是雷同的,这位学生在不确定之前,能考虑到别的因素,考虑到其他的可能性,并能推己及人,设身处地地为别人着想,这不就是我们学校要培养的学生素质吗?在合肥市西园新村小学南校,学生自然而然地养成了习惯:拾到物品就交到大队部,丢了物品就去大队部找。学生拾到零钱、小物件也是直接送到大队部,拾金不昧、助人为乐的雷锋精神在校园里已蔚然成风。他们还把这种好习惯带到了校园外、生活中。三(3)班的腾达同学去宁夏旅游时,捡到了一枚钻戒,父母陪着他将钻戒交到了当地派出所,得到了派出所叔叔们的一致赞扬。

镜头2:校园里的“帮帮团”

学校里有一位学生乐乐(化名)患了重病,处于恢复阶段,行走不便,但她坚持拄着拐杖到学校。看到乐乐重回班级,同学们非常高兴,不仅没有用异样的眼光看她,还轮流帮助她。课间,学校里的老师、学生经常能看到同学们搀扶着乐乐、和她一起聊天的场景。这一切,都让乐乐感觉现在的自己和当初没生病时一样快乐。学校里很多学生了解了乐乐的情况后都说:“乐乐同学真坚强,我们要向她学习。”学校宽容、互助、开放的大环境,让身处其中的每位学生都感到舒服,并有所感悟。

镜头3:和外国大师飙英语的小达人

“小天鹅合唱团”是学校里的一个明星社团,曾获“全国优秀童声合唱团”的光荣称号,曾远赴维也纳参加第三届世界和平合唱节并获得了金奖。合唱团还曾作为蜀山区童声合唱团的代表,应邀成为奥地利维也纳童声合唱团艺术总监杰拉尔德·维尔特先生在肥合唱指挥大师班的现场示范团,并荣获此次活动的特等奖。更引人注目的是,演出结束后,小演员用流利的英语和大师交流,清脆的嗓音、标准的发音、落落大方的风格,展现了西小学子的一种自信、一种底蕴。

镜头4:听写大赛中的淡定选手

在第一届合肥市小学生汉字听写大赛中,合肥市西园新村小学代表队和合肥市另一所学校的代表队,在前几轮的比赛中,比分一直是一样的,比赛紧张、激烈。学校的带队老师都为选手们捏了一把汗。场上的选手们却一直镇定自若,终于在最后的比拼中,合肥市西园新村小学代表队技高一筹,赢得了比赛。本次听写比赛中还有一个插曲:合肥市西园新村小学代表队有一位选手的听写板坏了,写不出字,评委说:"如果你会写,刚才那道题就不计分,我们再换一题。"这位学生却回答说:"老师,我的听写板是坏的,但刚才的字,我也确实不会写。"一个孩子能如此诚实地面对荣誉和得失,再一次展示了西小学子的风采,也赢得了评委的交口称赞。

汉字听写大赛,西小学子已经两次捧回了冠军的奖杯。不仅仅是听写大赛,西小学子不停地在各级各类比赛中荣获大奖,奖项涵盖了合唱、听写、体育、机器人、科技创新等赛事。他们在各种全国级的公开课中被各类名师啧啧称赞:"这所学校的学生素质真高!"透过这些,我似乎找到了素质教育成功的诸多痕迹。诚实、互助、自尊、自信等一切美好的品质,让我们看到,真正的素质教育不仅是学业成绩,更是能力、做人等方面的全面发展。

这些学生诚实自信、善良宽容、乐观积极的品质让我感到欣喜,我在与他们的聊天中,试图找到让他们快乐成长的钥匙和解锁学校教育成功的秘籍。从他们热情的话语、绽放的笑脸上,我似乎找到了答案。

"我最喜欢课程超市!"——多彩的校园生活让学生"玩转童年"

每周五下午,校园中都会飘荡阵阵饭菜香味,这是学校"魔法厨房"的"小厨师"在练习厨艺。学生在这里学会了做三明治、包饺子、烤面包……"魔法厨房"是学校"幸福 DIY"(Do It Yourself:自己动手做)课程的一项。学校在确保不随意增减课时和国家基础课程开齐、上足、教好的前提下大胆创新,构建了丰富的校本课程体系,开设了包括手工制作类、生活技能类、身心发展类、艺术修养类、文学艺术类、科技创新类等六大类四十多种课程,并从学生的奇思妙想中征集到了一个好听的名字——“幸福 DIY”。每周五下午两节课的时间全部交给“幸福DIY”,学生可根据自身的兴趣爱好自主选择其中的课程。

多元、可选的课程体系,让每一位学生都能找到适合自己进一步发展的项目,也让学校在各种项目中都有“小能手”。“科技小能手”在省、市乃至全国的比赛中屡屡获奖;“才艺小能手”在音乐、美术、舞蹈的各级各类比赛中,为学校捧回了各级各类的荣誉奖杯;“小天鹅文学社”的学生用古文为学校的三十年校庆写下了贺词……一系列丰富多彩的实践活动,为学生提供一个展示自我的舞台,使他们开发了潜能,增强了自信,提升了交往能力,磨炼了意志品格,提高了自身素质。

“我们都爱夏令营和冬令营!”——课外实践活动让学生“快乐成长”

除了校本课程,合肥市西园新村小学还构建了多元化、科学化的活动体系,这些活动又和校本课程紧密结合、互为补充。仔细梳理,学校的课程及课外实践活动囊括了心理健康、意志磨炼等方方面面,有利于培养学生的独立意识、探索意识,提高他们的适应能力和创造能力;有利于因材施教,发展特长,形成学生个性中的独特性;有利于学生的身心健康,使他们的个性得到全面和谐的发展。

学校组织了四十位学生开展了为期五天的长白山冬令营研学旅行活动。离开家长随团远行到冰雪天地的长白山,这对于学生来说是一次考验,但作为冬令营的成员,他们都很勇敢。他们在教师的带领下,克服了对零下三十多度的低温的恐惧,开展了赏雪、滑雪、娱雪等活动,让寒冷由可畏变得好玩。

这样好玩又磨炼意志的活动在合肥市西园新村小学还有很多。

学校每年开展一次春游、运动会、淘宝节、艺术节、信息节、三跳比赛、科技工业游等活动。淘宝节活动创设购物集市场景,让学生扮演售货员、顾客、导购员等角色,因其好玩而富有教育意义,成为学校每年的一项盛事和学生的欢乐嘉年华。活动中,不少高年级学生要把自己带来的物品无偿送给低年级的弟弟妹妹的,低年级的学生又坚决要拿自己带来的物品和哥哥姐姐们交换,校园里充满和谐与快乐。

此外,读书活动、节庆主题活动、徒步走军营活动、管乐队社团活动、科技馆活动走进校园、家校合作的德育活动等,直指学生成长及素质拓展的方方面面。

“我喜欢我们老师!”——优秀学生的背后是一群乐于钻研的教师

朱永新说:“教育需要激情,需要全身心的投入与无私的奉献。”合肥市西园新村小学就有这样一群为教育敢于承担责任的、无私奉献的教师。

任何一项活动的举办,从策划分工,到组织实施、保障,无一不需要教师付出精力和心血。可是合肥市西园新村小学的教师从来都是不辞辛苦,因为他们深知多组织一次活动,学生就多了一次锻炼和成长的机会,多了一个展示自我的舞台。

每一年合肥市西园新村小学都要举行春季运动会,从筹备到策划,教师费尽心思,担任计时评委的教师顶着烈日,一手拿着秒表,一手记着成绩。负责跳远项目评委的教师不停地弯腰测量,推平沙池。负责跳高项目的教师一遍一遍地将跳高杆拾起架好,有时还要被学生撞个满怀。可是看到学生们激动兴奋的小脸,教师却说:“运动会太有意义了,每年都要举行!”

可是仅有爱心是不能促进学生综合素质全面发展的,他们深知:素质教育需要教师深刻理解教育工作的内涵,对教师的知识素养和知识结构等提出了更高的要求。校长朱莉萍说:“课堂是实施素质教育的主阵地,教师是实施素质教育的主力军。”学校从“学、练、研”三个方面促进教师专业素质的提高,以“提高学历、培养能力、增强实力、开发潜力”为目标,努力培养事业型、复合型、科研型的教师队伍,切实提高教师的业务素质水平,推动教师真正确立以学生发展为本的理念,激发学生的求知欲,引导和鼓励学生主动探究进而形成积极的学习态度,具有深入地观察、发现、应对、灵活处理学生身心发展的差异性、丰富性问题的各种能力。课堂成了素质教育的主阵地,同时,高效活泼的课堂为学生节约了大量的时间,为素质教育的进一步实施提供了有力的保障。

教师在成就学生中成就了自己,原来,素质教育其实并不难实施,只要你了解学生、热爱学生,你就一定会找到通往成功的路径!

把耳朵叫醒

——音乐欣赏教学中关于多媒体使用的一点感悟

田 娟

多媒体技术融视觉、听觉为一体,图文并茂,精彩纷呈,充分调动了学生学习的兴趣,让学生在得到极强的感官刺激享受的同时,还能从中获得充分的情感体验,开阔学生的视野,丰富我们的课堂。但是,我发现,凡事有利就有弊,想要"爱"它,也不容易。很多时候这些画面对学生的吸引力甚至超过了音乐本身。

下面,我就以一节音乐欣赏课《野蜂飞舞》为例,来谈一谈我的体会。

《野蜂飞舞》是俄罗斯作曲家尼古拉·里姆斯基－科萨科夫所作的乐曲。乐曲用连续十六分音符半音阶级进的滑行音调形象地模仿了野蜂飞舞的嗡嗡声。曲调忽高忽低,音量时强时弱,描述了大黄蜂在林间、高山、海洋中急速飞舞的场景。大黄蜂是学生常见的昆虫,这种风格的曲子我预想学生应该会比较喜欢。因为乐曲没有歌词的约束,更容易引发学生展开关于野蜂飞舞的场景想象。所以那天,我满怀激情地想把这首经典的作品介绍给学生,幻想着学生和我一起徜徉在音乐的海洋中。

一、第一次失败

镜头1:

生:哦,是一只大黄蜂飞来飞去的故事。(都是视频惹的祸!)

师:今天老师邀请大家一起来欣赏一首我非常喜欢的曲子,名字叫《野蜂飞舞》,请大家听完后说说感受。

（教师播放多媒体课件，大屏幕上顿时出现与声音同步的精彩画面：一只金黄色的大黄蜂从草丛中飞起，飞过草原、高山、屋顶、窄小的巷子……最后飞到了一架小提琴上。音乐刚播放就有人举手了，我示意学生先把手放下去，等音乐欣赏完了再回答。几个急于表现的学生不情愿地放下了手，当音乐一结束马上再次举起了手。）

生 1：老师，我看到了一只大黄蜂飞来飞去。

生 2：老师，我看到大黄蜂飞到了很多地方，有青草地、海洋、小屋的屋顶。

生 3：哦，我觉得这是一只大黄蜂飞来飞去的故事。

（此时我听到了更多的学生在底下小声补充着，但补充的内容都是紧紧围绕视频内容展开的，丝毫没有自己对音乐的感受与理解。我明白学生把过多的注意力放在了“看到了什么”上，而忽略了自己“听到了什么”，这样的音乐欣赏毫无意义，学生只是在看图说话而已。于是我只能提示在学生欣赏音乐时要把重点放在听上，而不是看。唉，都是视频惹的祸啊！）

镜头 2：

生：我这幅画的意思是大黄蜂飞过了草地，飞过了高山，飞过了……（又是视频惹的祸！）

初次欣赏之后，教师提出“画音乐”的游戏，引导学生边听音乐边用自己认为合适的线条将音乐表现出来。

（由于受到视频的影响，大多数孩子都是根据视频中野蜂飞舞的线路图来画旋律线，而不是立足于音乐本身。）

镜头 3：我觉得大黄蜂飞得并不快！（还是视频惹的祸！）

（经过两次完整欣赏后，为了让学生更好地感受音乐，接下来是细节欣赏。请学生聆听乐曲的速度，要求感受乐曲的旋律高低变化，节奏短促紧凑，好像野蜂嗡嗡盘旋飞舞，进一步体会作品中描绘的快速、紧张、焦急的状态。）

师：接下来让我们再仔细聆听这首音乐，你能说说这首曲子的速度是怎样的吗？

生：快。（多数学生都能准确地说出曲子的速度，我很高兴，于是进一步引导。)

生:不对,我觉得大黄蜂飞得一点也不快,刚才它飞过了那么多的地方,最后停在了一个打开的小提琴上,这是它正常飞舞的速度,我觉得一点也不快。

(他这么一说,似乎所有的学生都有如梦初醒的感觉,“对呀,大黄蜂飞的速度不算是最快的”,这样的声音充斥着整个课堂,学生的注意力似乎又从音乐转移到视频上去了。我只得再次提醒,我们这是听音乐,而不是看图画,所有的感受要来自自己的耳朵。唉,还是视频惹的祸啊!)

二、分析

为了追求良好的教学效果,引起学生的音乐兴趣,很多时候我们会做一些课件,总是会想到用一些精美的图片来丰富教学,但很多时候,这些课件、视频的运用往往让学生对音乐的感受起到了反向的作用。让学生初听音乐后说出自己的感受并没有错,事实上这也不是一个难以回答的问题,只要认真聆听,基本上都能说出来的。但由于学生先接收到的是直观的画面而不是抽象的音乐,这种先入为主的心理直接影响了他们对音乐本身的感受,阻碍了耳朵对音乐的接收。

三、吸取教训重新再来

经历了第一个班级的失败,我及时吸取了教训,合理调整教学方法,重新再来。

镜头1:

师:今天老师请大家欣赏一首非常有名的曲子,这也是老师非常喜欢的一首曲子。请你们仔细聆听,听完后说出你们的感受。

(播放《野蜂飞舞》音乐,但大屏幕上除了一只大黄蜂的图片,没有任何画面出现,这使学生的注意力都放在音乐本身上。)

师:音乐听完了,说说你们的感受吧。

生1:我觉得这首乐曲很快、很乱,听不出来到底在干什么。

生2:我觉得乐曲中有很多有意思的声音,听起来很滑稽,像一只无头的大黄蜂在飞来飞去。

师:大家的耳朵都很灵,听得也很仔细。刚才我们听的曲子名叫《野蜂飞舞》。你见过大黄蜂吗?你对大黄蜂有什么印象?

(学生回答了诸如很可怕、会蜇人等关于大黄蜂的描述。接着,我出示了几种旋律线。)

师:接下来让我们再仔细听一听这首乐曲,请你用合适的线条来画一画。

生1:我觉得这个螺旋形的线条就像这首乐曲一样,一直都是很快的,嗡嗡嗡的。

生2:我觉得我画的这个乱七八糟的线代表我听到这首乐曲里头的音符是乱乱的,给人感觉很紧张,感觉野蜂很着急。

(没有学生用一条直线来表现乐曲的旋律线。)

镜头2:

师:看来你们听得很认真。那么,谁能和我们说一说大黄蜂的故事?

(多数学生围绕着音乐紧张的氛围创编出:森林着火了,大灰狼来了,野蜂要去救自己的孩子;地震了,野蜂窝被人捅破了,野蜂冲出去要逃跑;森林里野蜂在举行赛跑……有的学生讲得惟妙惟肖,极具感染力。当学生带着自己的音乐故事去欣赏这首曲子的时候,他们所获得的情感体验会是真切的、独一无二的。在给学生无限想象的空间之后,我给他们讲了《野蜂飞舞》这首名曲的创作背景。当我介绍完《萨尔丹王的故事》中王子变成野蜂复仇的情节时,班里一片寂静,他们似乎还没有从精彩的文学故事中走出来。可见学生年纪虽小,但他们的感受力很强。)

四、思考

专家说,音乐的欣赏需要经历三个层次:第一层次是官能的欣赏,第二层次是联想的欣赏,第三层次是理智的欣赏。《野蜂飞舞》的教学对象是一年级学生,对于他们来说第一层次的要求可以很轻松地达到,对于第二层次的要求也能在教师的引导下达到,但对于第三层次的要求就有一定的难度了。我们可以选择较为简单的角度进行引导感知，如听、画、编创故事等。初次欣赏，完整聆听后，几乎所有的学生已经完成了第一层次的欣赏，此时再出现视频，并不是通过视频去解释音乐，因为再精美的视频也解释不了音乐本身，它只是起到了激发学生兴趣的作用，用视觉刺激去加深耳朵的审美体验。事实上也收到了预期的效果，学生在多维感知中了解了作品的紧张、速度快的旋律特征。由此，在如何运用课件、视频提高学生音乐欣赏效果上，我有了全新的思考：

1. 多媒体显现要适时。上述两个课例充分说明了出现时机不同，收到的效果也不一样。我觉得视频最好不要在欣赏一开始就出现，这样往往会把学生的感受限定在他的眼睛所看到的画面上。因为往往眼睛看到的要比耳朵听到的简单得多，听完一首曲子要专注地花上几分钟时间感受，而眼睛是一下子就能直接看到的，这往往使一些学生懒得思考，对培养学生的聆听习惯也不好。

2. 多媒体选用要适当。多媒体在教学中几乎什么都能做，但不是什么都非得用多媒体来做。教师在设计课程的时候，首先把没必要使用多媒体的地方确定好，剩下的就是可使用多媒体的地方。多媒体不等于“万能”媒体，能把传统教学和多媒体教学结合得好的课，才是真正成功的多媒体课。

3. 别让眼睛妨碍了耳朵的聆听。不管图片出现得如何适时，也不管选得如何恰当，作为教师，我们还是应该及时提醒学生要用耳朵去听音乐，用心去感受音乐，只有这样，体验到的音乐才是最真实的。视频只是为了帮助我们更好地欣赏音乐，我们不能把感受音乐太多地依赖我们的眼睛。眼睛看到的不一定是真切和全面的，耳朵听到的才是最真切和全面的，所以千万别让我们的眼睛妨碍了耳朵！

提升学校办学品质新路径研究

鲍子奇

凝聚特色文化,开发校本课程,是中小学办学的一条思路。积极培育学校文化,发挥校本课程的影响力,是学校文化建设的"根"和"魂"。离开校本课程建设,学校文化发展必将是片面、不成体系的,如一潭死水,终将枯竭。换句话说,只有校本课程与学校文化携手共进,才能塑造有特色的学校文化,才能真正实现可持续发展。

合肥市西园新村小学建校已经三十余年了,仅仅是学校课程超市的创立,就已有十余年的历史,在社会上享有盛誉。学校位于合肥市蜀山区政务文化中心,但因地理位置优越,学校若想再进行大规模的建设,可能性非常小。硬件不达标,那学校想延续三十年来的办学声誉,只有从软件上想办法。在学校领导团队的积极努力下,我们迅速将校本课程的研发提升到非常重要的地位,希望将学校原有的全部课程进行有机重组、整合,并组织研发新的课程,从而不断丰富、充实原有课程体系。

一、开发精致课程,调动教师课程开发力

学校充分发挥优质教师资源的优势,成立特色课程创意设计小组,鼓励、组织、引导教师在课程计划实施的同时充分行使课程开发的自主权,对学校课程进行创造性的、有特色的研究与开发。团队结合课程问卷调查的结果,以"特色活动的创意设计和深度实施研究"为切入点,在所有的活动课程中精选了数个特色

活动，进行深度研究。整合校内外课程资源，打造精品特色课程。

目前已开发成形的有“小科学家课程”的绿色能源大爆发、百变科学、食物的奥秘、猫工坊——趣味编程，“小文学家课程”之绘本故事里的中国风、清明追忆传承、唐诗中的那些事儿、小小朗读者，“小艺术家课程”之石头绘、和谐之声，“小绅士（小淑女）课程”之小主持人课程等二十余门精品课程。在不断精心打磨原有课程的前提下，还进行了新的课程开发，使学校课程更具科学性、综合性、实践性、前瞻性。

将课程做细、做精是重构课程结构的第一步。在开发课程的过程中，增强了教师的课程意识，提高了教师课程开发能力，进而促进了教师整体专业素质的提高。

二、整合相似课程，塑造精品课程群组

合肥市西园新村小学的校本课程是以“幸福 DIY”课程超市的形式，让学生自主选课。原先课程科目繁多，为了去繁就简，让课程体系更清晰，让学生的学习层级更分明，学校在课程建设上做了很大的努力。第二步，学校实施了课程群授课计划。

以低年级课程为例。合肥市西园新村小学原有的校本课程是“六小课程”体系，是以特色活动为首的课程体系，它的科目繁多，仅仅一、二年级的学生能接触到的课程就有近二十门。而低年级学生年龄小，课程更应侧重于兴趣培养，从入门开始。于是，本着让低年级学生可以接触到更多课程的目标，将一些相似课程化为课程群组。经过整合，除开足、开满在学生中深受欢迎的课程，保留学生特别喜爱的艺体类专业课程外，将原有的一、二年级校本课程小科学家、小艺术家、小文学家、小能手等四大类十一门课化为五大课程组。

2016 年，合肥市西园新村小学的“幸福 DIY”课程超市开设课程四十二门，2017 年开设了四十门，2018 年及 2019 年则只开设了三十六门。精挑细选、精心整合的课程，更具科学性、合理性、实效性，深受学生和家长的喜爱。

与强调单门课程不同，课程群组聚焦目标，立足“大课程”布局，整合主题相

通、内容相近的相关课程，突出内在逻辑，由追求单门课程内容的严密与完整转变为课程群组内部的衔接与完整，使课程之间由相互隔离转变为相互贯通，由相互重叠转变为相互补充。这种做法有利于理顺课程内容的关系，促进课程结构的优化，提升课程品质。

三、提升办学理念，拓展课程内涵

办学理念是学校的灵魂，源于对学校发展的理性认识和价值追求，反映了学校在育人方面的深层次思考。教育是社会需求的产物。在不断研究校本课程的过程中，我们发现学校的办学理念、校本课程的内涵，绝不应局限于一所学校之内。它应与整个国家甚至整个世界的教育教学改革的探索息息相关。因此，学校办学理念必须与时俱进，不断融入校本课程建设，唯有如此，才能真正形成学校的办学特色。

放眼世界，2008 年，美国国家性非营利组织教学质量中心就以研究报告《教学 2030：我们必须为学生和公立学校做些什么——现在与未来》，对 2030 年的教学改革提出了建议。文中提出，21 世纪的学习者需要掌握以“4C”（即批判性思维和问题解决技能、沟通技能、合作技能、创造力和创新技能，简称“4C”）为核心的 21 世纪技能。

无独有偶，目前国内深化基础教育课程改革的重要目标之一就是发展学生的核心素养，而构建学生核心素养体系是新一轮课程改革的基础和前提。两者不谋而合。合肥市西园新村小学南校所处的蜀山区，为安徽省唯一进入“中国市辖区综合实力百强”的城区。科技创新，必须依托雄厚的科技、人才优势，创新型人才就是刚需。

合肥市西园新村小学南校更新了从小“塑造、培养创新型人才”这一新的育人理念。学校新课程体系的设计着眼于 21 世纪新技能的培养与提高，尤其是“思维能力”向来被视为创新能力的重要因素。后续学校将构建审辩性思维的教学模式，先向内围绕国家教材，研发学校特有的校本课程，将二者更好地融合在一起；接着对跨学科知识点进行整合延伸，着力开发审辩性学科融合课程，将教学精简化、资源最大化；最后向外围绕区域资源，或依托学校研学游等校外资源开发构建新的深具国际视野的课程，塑造审辩性思维的创造力。由此，学校将初步实现以思维品质为核心的“小天鹅思维品质课程”体系。

至此，由校内拓展到校外，由国内走向国际，让学生在实践中积累经验，在经验的不断丰富中茁壮成长。说到底，学校的课程建设要由社会需求和知识逻辑转变为基于学生现实和未来需求的课程。

总之，基于学校校园文化的校本课程研发，应结合国家教育方针、区域文化特色等，以学生发展的需求作为设计的第一要义。唯有将校本课程的开发和学校办学愿景相融合，才能实现学校育人的最终目标。

记花开正好时

——二(1)班运动会点滴

孙　乔

题记:运动会过去半个月了,我没有给你们留下精彩的影像,只能用文字记录,送给你们,愿它成为你们和我最美好的、最永恒的回忆。希望你们明白,对我来说,能参与你们的成长,那才是最重要的。

一格

一格哭了。

在200米决赛前,在200米跑道的起点,我正跃跃欲试,等着在弯道为她加油,一转身,只见她一个人坐在篮球架下,默默地抹着眼泪。这个小丫头,一定是累了。

我忙不迭跑过去,故作轻松地搂着她:“来来来,我给你揉揉腿、按按肩,免费服务啊……”说着,我搓着她的小细腿,心里盘算着该怎样晓之以理动之以情,让她自信满满地站上跑道。不料,小莲老师笑嘻嘻地拿着手机蹲下来:“喏,给你看,这是我家的猫咪,好玩吧?”一格抬头,盯着手机屏幕,一页页划过,不哭了,脸上却还挂着泪珠。

这个8岁的女孩,有着令人羡慕的长腿,本以为是文静纤弱的,但她的短跑成绩一年级时就横扫二年级的姐姐们,着实让我大吃一惊。如今,两天的赛程,跑完60米、200米预赛,刚刚又完成60米决赛,仅仅喘口气的时间,200米决赛即将开始,每一跑都是高度的集中与紧张,拼尽了全力,都承载着班级在运动赛场上的希望。如果可以品尝她的泪水，那该是什么味道的呢？

发令枪响了，一格头也不抬地往前冲，两条长长的腿划出了最漂亮的线。我已然忘记了去弯道，就这样站在起点，看着她跑出去，看着她的背影，迎接她冲向终点，再抱抱她，告诉她："你很棒！"

运动场上总是不缺拼搏的身影，不缺胜利的喜悦，不缺温暖的画面，但让我最难忘的，就是一格的眼泪。

子豪

子豪笑了。

子豪平时就喜欢笑，但是这种笑，真的是最毫无遮拦的、最纯粹的、带着胜利的喜悦的笑。子豪有一口大白牙，在阳光下这么笑起来，牙齿显得更白更大了，可好看了。

子豪在60米预赛落败，我没有想到。子豪能在200米决赛夺冠，我更没想到。这个男孩，比同龄男生要略微高一点，所以似乎他就应该在跑步时比别人快那么一点，但事实是，他并没有闯入60米决赛，而且，在前段时间的校足球队选拔中他也遗憾地落选了。所以，当看到200米决赛名单上有子豪的名字时，我简直高兴地旋转起来了。

决赛前，我对子豪说："甭管结果，好好跑就行，我在弯道等你。"离终点的最后一个弯道，通常是运动员最艰难的地方，我认定子豪需要我的加油和鼓劲。

子豪跑啊，跑啊，终于向我奔来了。子豪在一道，可是他和二道选手并驾齐驱，我分不清也看不清，只能在他们过弯道的时候大声喊："子豪，挺住啊！子豪，往前冲啊……"我看着他的背影和二道选手一起冲过终点，我也冲向终点，只听裁判员报着成绩："一道，第一！"

"耶！"我振臂高呼，一把抱住子豪，他已经到我的肩膀了，这个男生真是高啊。子豪仰起头，看着我，于是我看到了阳光下他的笑和他洁白的牙齿……

铄仔

其实，铄仔的小名不叫铄仔。"铄仔"是我给他起的名字，因为他长着圆滚滚的脑袋、圆滚滚的身子,胖乎乎的,一笑起来眼睛就眯成一条缝,特别可爱,似乎特别配“仔”这个字。

既然叫“铄仔”,那一定是力量担当了,于是他理所应当地成为我们班运动会上投沙包的种子选手。比赛当天,铄仔不紧不慢地、晃晃悠悠地来了,一点也不像是要上赛场的运动员。我故作生气地说:“喂,铄仔,这可是运动会哎,你看清楚啊!”铄仔眨巴着眼睛:“我叫不紧张。”说完跟着选手大部队向投掷场走去。

我还是不放心,虽然他是力量担当,但关键时刻可不能掉链子。学校明令比赛期间不许班主任老师进入赛场,但我还是冒着被大喇叭点名批评的风险来到场地边,并为自己找好了理由:我要为选手拍照片嘛。铄仔用实力向我证明了,我的担心完全是多余的。他以比第二名多出 0.1 米的优势进入了决赛。休息时,铄仔笑呵呵地喊我:“来,小乔老师,你来。”我屁颠屁颠地跑过去,他趴在我耳朵边,悄悄地说:“我告诉你,我是拿着沙包的一个边角扔的,这样好用力!”我回应他一个竖起的大拇指。

“铄仔”赢了,还是以 0.1 米的优势。我依然给他竖起大拇指。他对我眨巴眨巴眼睛,露出一个狡黠的微笑,一个华丽的转身,将背影留给了我……

还有你们

若依是速度与力量完美结合的选手,兼顾 200 米和投沙包,一点没有女孩子的娇气与柔弱。很有意思的是,200 米预赛时,若依遥遥领先,在过弯道的时候,眼睛一瞥,瞥到了在场外加油的妈妈,她立刻很坚定地比画了一个“耶”的手势,很顺利地跑完了 200 米预赛,小组第一,但是比进入决赛的选手慢了好几秒。

劭天、安旭、宇翔是三位立定跳远的选手,劭天胖了,安旭、宇翔瘦了,但都不能阻止他们那颗热爱运动的心。劭天明亮的大眼睛、安旭灿烂的笑、宇翔害羞的表情,都刻在了我的心里。

佳禾、怡然、若萱是三位得力的女干将、跳远赛场上的小精灵。我不会忘记佳禾在比赛前的晚上还在拼命练习着,我也不会忘记怡然、若萱进入决赛后一次比一次的进步。你们的每一次努力,都会叠加在运气上,最后你们一定会得到幸运。

浩然、博凡二位都是校园足球队的中坚力量，比赛的前一天，你们也没有偷懒，而是不折不扣地完成足球教练的训练任务，把汗水洒在绿茵场上。我知道你们无论在绿茵场还是运动赛场，都拼尽了全力，你们让我看到了什么是竭尽全力，我为你们喝彩。

霍然、怡萱是两位小个子女生，可你们的能力并不小。你们带给我大大的惊喜。霍然不仅能在冰面上优雅地旋转，更能在跑道上刮出一阵旋风。怡萱是个有思想、有趣味的小女生，平时不作声，一出手却不得了，沙包投得又高又远。谢谢你们的认真，对于我来说，我看到了、参与了你们的成长，那才是最重要的。

雨阳、宸玮这两位都是运动爱好者，以臂力强劲脱颖而出。一个是羽毛球高手，一个是游泳健将。雨阳第一次参加运动会，精心设计了比赛服，包括一副酷炫的蓝色墨镜，那可是投掷赛场最亮丽的风景线。宸玮相对老到些，第二次参赛，虽然技不如人，但你眼光长远，认定明年三年级时的 400 米拼的就是耐力，这才是你的强项。你们让我有了期待，让我觉得等待的时光开始鲜活起来……

还要感谢阿翔，最后时刻你成为接力赛的主力。感谢所有啦啦队队员；感谢所有倾情参与的家长，你们买来的矿泉水实在喝不完，还有好多瓶在班级讲台下面呢……

我们的故事，未完，待续……

新型冠状病毒肺炎疫情下如何开展少先队活动

曾玉叶

2020年春节期间发生了新型冠状病毒肺炎疫情,因疫情的影响,全国中小学不能正常开学,学生也正在经历着一个特殊的假期,为了保证学生的健康及学习稳定,避免疫情扩散,全国上下同时开展了停课不停学的活动。在这种特殊的情况下,学校的德育部门更应克服困难积极地组织和开展有意义的少先队活动,做好活动的组织者与领导者。当前疫情情况下,不能把学生组织在一起开展少先队活动,那么我们就要利用现有的条件去组织开展活动,让队员们在家也能投入少先队的学习中去,让他们亲身体会到在国家遇到困难时,他们作为社会主义的接班人,应该如何去做。

一、新型冠状病毒肺炎疫情下,开展少先队活动面临的问题

开展少先队活动,是在学校以及少先队辅导员的组织帮助下,开展各种生动活泼的、富有意义的文体活动。辅导员辅导少年儿童学习共产主义知识,培养他们的高尚品德,在日常教学中,大部分活动是集体活动且在室外进行。疫情期间队员无法集中,教师也不能现场去组织活动,学生也想积极地开展并参与到一些有意义的活动中去,但是没有教师的组织,想达到一定效果很难。这就要求教师通过其他途径来组织开展少先队活动,让我们的小小接班人能够投入这场抗疫战斗,让他们认识到在国家遇到困难时,自己应该如何做。

二、新型冠状病毒肺炎疫情下，开展少先队活动的策略

1. 利用网络上好开学第一课

当今是网络发达的时代，我们的生活与网络密切相关，各种办公软件、网站等都成为时尚的办公设备平台，在这种特殊的环境下，我们更要利用这些技术和平台来组织开展活动。

例如，3 月初全国统一开始进行网络授课，为了让学生像正常开学一样开展升旗仪式和开学典礼，大队辅导员组织同学们通过视频素材在大队委的带领下升国旗、唱国歌、敬队礼，让每一位学生都知道，开学的延期不代表学习延期、活动延期。这种特殊的开学典礼，让学生更加深刻地体会到少先队的神圣、祖国的伟大，以及在灾难面前全国上下的同心协力，让学生意识到作为祖国未来的接班人肩上的责任是如此重大。

2. 利用微视频有效指导学生开展活动

新型冠状病毒肺炎疫情下，为了让学生有效地参与到少先队活动中去，进而保证活动顺利开展，大队辅导员要充分地利用电脑、手机等设备给学生开展网络活动，让他们搜集有关疫情的报道。如，可以组织学生收集身边的事迹，让他们通过网络新闻等了解在前线战斗的英雄们；还可以组织绘画比赛，让学生通过绘画表达对一线工作者的敬意，让学生深刻地认识到一线工作者的伟大。

例如，为了让学生了解和防护新型冠状病毒肺炎，大队辅导员制作了微视频《如何消灭小怪兽，日常生活要防护》，同时我们五年级的一个大队委还自己录制了微视频《勤洗手来戴口罩，细菌病毒全挡掉》，通过亲身示范详细地向学生讲解了洗手的步骤和戴口罩的正确方法。

疫情当前，在这个特殊的时期，我们虽不能到一线战斗，但是我们也会参与其中。在大队辅导员的组织下，少先队开展了一次录制《向一线工作者致敬》的微视频主题活动。在视频中，同学们通过演讲、手抄报、朗诵等向一线工作者们致敬。这些视频在学校网站、公众号及班级群进行宣传，让更多人通过不同平台看到学生的作品，让更多的人参与到这场抗击疫情的战斗中来。

3. 利用网络反馈总结

新型冠状病毒肺炎疫情下，教师和学生无法面对面交流和沟通，互联网的便捷性为活动的开展提供了可能。大队辅导员在组织学生开展家庭式少先队活动时，可以提前在网上搜集一些相关的新闻及其他媒体的综合报道，然后将其展示给学生，让他们根据活动的主题自己去寻找资料或者发挥自己的主观能动性来完成小队活动。对于活动完成好、参与积极的小组和队员，教师在及时给出评价的同时，可以将这些优秀的作品通过各级平台推送出去，让更多的学生了解、参与，等疫情结束开学后再对这些学生予以表彰。通过这样的方式，让学生在身心愉悦的情况下巩固所学的知识。大队辅导员在指导的同时还要引导学生自己去发现身边更多有价值、有意义的事迹，让他们在疫情期间参与更多有意义的少先队活动，让学生通过自身参与去感受我们祖国的强大和人民的团结。

当前受新型冠状病毒肺炎疫情影响，学生无法回到学校学习，为了学生的身心健康，学校德育处要根据当前的形势和学生的特点合理安排少先队活动，使学生参与到活动中来，培养学生的爱国主义精神，使学生得以健康全面发展。

如何让家长用长远的眼光看待小学信息课程的发展

李　静

随着社会不断进步和发展，以计算机应用和网络技术为核心的现代信息技术也飞速发展起来，在人们的生活和工作中，信息技术已经成为一个优秀从业者的必备技能，因此，信息技术的学习应从娃娃抓起。

其实，对于成年人来说，走进职场后，我们会发现需要学习的知识有很多，除了在学校里学的理论知识外，更需要在文件的编辑上彰显自己的特长。20世纪90年代，求职者可以手写自荐信和简历，那时，你的简历想脱颖而出就需要写一手好字。可如今，网络时代，侧重点在个人简历的排版和个人技能优势上，所以，能够更熟练地操作办公软件才是未来职场成功的良好开端。

在学业上，家长总是不断地在孩子的不同阶段补足他们知识上的缺失，而忽略了生活技能的培养，而这个生活技能除了基础的生活能力外，还需要添加的是社交能力以及"工作能力"。因此，家长们应当用长远的眼光看待小学阶段的信息技术课程的发展，并能够用行动来支持您的孩子多元化发展。

以下是我在小学阶段信息技术课程的家校共育方面的建议，希望能对广大家长有所启发，推动家长更加重视孩子的多元技能发展。

一、刷新观念，共同促进

家长总是担心孩子因为玩电脑而影响了学业，所以就杜绝孩子碰电脑，这种治标不治本的做法，只能在父母可控范围内阻隔，而不是杜绝。当孩子拿到手机或者电脑时,他们必会一头扎进无尽的游戏中不能自拔,所以,如果想让孩子正确面对信息技术学科,首先要改变的是家长的观念,那就是,既然孩子未来将与电子产品密不可分,那就正确地面对和引导。

如孩子进入初中,就需要掌握PPT的制作。能够熟练地掌握PPT的简单排版,将自己一学期的班级活动和学习反思整理成档,这是一种自省型的学习习惯,而这个技能需要在小学的信息技术课程中进行学习和练习。当您的孩子用一份简约而完整的PPT展示自己的学习成果时,是不是又增加了一份自信?是不是为自己又赢得了一份尊重呢?所以,将小学阶段的信息技术在家中做延伸,重视信息技术的课后作业,让孩子利用家庭时间掌握一份技能,而非一个作业,这更利于孩子学习及成长。

二、信息技术学科需要尊重

每一门学科都值得家长尊重,它的出现在孩子的学习生涯中都具有不可取代的意义,它是孩子通往优秀的铺路石。

家长总是觉得语文、数学、英语才是孩子求学路上最重要的知识网,只要文化课学好了,以后就能考个好大学。21世纪德智体美劳全面发展的新一代好少年,他们无论是学问,还是个人修养、文学造诣都很高,所以,仅凭文化课的优势,在学业上可能会攀登一时的高峰,但真正进入社会后还是需要再付出更多的努力才能迎头赶上。所以,在小学阶段,家长应该让孩子学会的是对每一门学科都抱有相同的学习态度,不轻视某一门课。而信息技术学科更需要教师和家长的尊重,因为信息技术将带领孩子走进一个智能化的社会。

三、用富余的时间,让孩子在网络科技中培养积极的兴趣

众所周知,在小学阶段,孩子有相对较多的时间可以自由支配,培养更多的兴趣爱好是其一,用对了网络工具是其二。

小学阶段的信息技术课程所要做的正是激发孩子的学习力和探索欲。孩子

的求知欲远远大于成年人,他们凭借自己的兴趣爱好将成人无法掌握的信息牢牢锁在自己的信息库里。家长却埋没了他们的天赋。也许现在你们正在扼杀的是一个未来的高科技版的福尔摩斯。

曾有文章介绍,有一名中国研究生去美国留学,当他听到房东的孙子要为爷爷组装一个局域网时,他感到惊讶不已。当然惊讶的不只是这位研究生,许多读者也感到吃惊。惊讶之后,我们更应该反思:是美国人比中国人聪明吗?或者是因为在美国计算机比中国普及?世界上最优秀的程序员在中国,你能说美国人比中国人聪明吗?不,是因为他们注意培养孩子在各方面的探索能力,每一个孩子都有自己的兴趣爱好,如果可以因为自己的兴趣爱好而对身边的人有所帮助,那将成就孩子这方面的天赋。我们应当让孩子在小学阶段就能够掌握基础的软件,让他们知道,电脑面前的爸爸、妈妈是在工作,而不是在玩游戏。让孩子了解家长工作时需要使用的工具,并尝试探索各个功能键的使用,增强孩子对软件的探索,促进兴趣培养,而不是依赖游戏获得自信和成就感。让信息技术课程深入家庭,让孩子将在学校所学到的知识运用到家中的电子产品中,从而增强孩子的自信心和学科成就感。

四、让孩子与信息技术共成长

随着国家的高速发展,信息技术和网络技术已经深入人们的生活、学习、工作等各个领域。未来,孩子将会进入5G甚至6G等高速信息时代,他们需要更多的信息技术来支持未来的新技术发展,所以,他们更需要掌握前沿的信息技术工具。在信息技术不断迭代的今天,我们应该让孩子从现在的信息技术开始,跟上不断前进的步伐,共同成长。

综上所述,作为小学信息技术的教育从业者,我们应该不断更新孩子的课程,并引入更多先进的信息技术工具,丰富课程内容,让课程与技术发展相衔接,让孩子时刻保持新鲜感,持续激发孩子对新技能的探索欲,让孩子从小做一个对知识不断探索的好儿郎,成为下个高速发展时代的弄潮儿。

信息技术虽然是任何年龄都能够经过练习而习得，但是，我们更希望在孩子的小学阶段，就能够让他们学会用科技掌控未来。

问题化学习中教师有效提问的策略

章　明

小学科学是一门以培养学生科学素养为宗旨的基础课程。小学课堂提倡探究式学习,引导学生通过体验科学探究过程,形成对科学的初步认识,从而达到培养科学素养的目的。

在推进教学和引导学生思考过程中,课堂提问是教师最喜欢也是使用最频繁的教学方法,提问与回答占据了课堂教学的很多时间。教师提问的策略直接关系到师生互动质量的高低,教师提问的有效性也直接影响到教学质量的优劣。

一、什么是小学科学课堂的有效提问

什么是小学科学课堂上教师的有效提问?如何设计小学科学的有效提问?这是我们小学科学教师必须思考的问题。我们认为,小学科学课堂教师有效提问是指教师有目的、有结构地提出简短的、发人深省的问题,并能引起学生的思考,使学生主动构建问题和回答。有效提问的标准应该有以下几条:

1. 教师的提问能清楚地描述,使学生清楚地理解

比如,有的教师在上科教版四年级上册《食物在体内的旅行》一课时,上课一开始问了这样三个问题:你们肚子饿不饿?饿了怎么办?你觉得食物是怎样旅行的?其中"你觉得食物是怎样旅行的"这个问题表述得不清楚,学生可能想到的是食物的加工过程,而不是教师期待学生思考的食物在人体内的消化过程,教师应该用"我们吃的食物从嘴里又到哪里去了"这样的表述来提问。

2. 教师的提问指向性明确,能启发学生思考

教师的提问应富有启发性,能启发学生思考,学生能回答但答案又不是轻而易举可以得到的,必须通过自己的一番探索和努力才能获取。也就是说,问题情境并不神秘,是学生能在生活范围中感受到的,但又不能用已有的知识经验直接加以处理。又熟悉又不能马上解决,才产生诱惑,引发思考,促进探索。这不是已有知识经验的简单再现,而是要将已知信息重新组合,才能达到解决问题的目的。例如,有的教师在科教版小学科学五年级下册《为什么一年有四季》教学中,先提问学生一年有几个季节,然后老师就开始提问:“那为什么一年有四季呢?”学生们一脸茫然回答不上来,这里的提问指向就不明确。

3. 教师的提问能激发学生兴趣

教师的提问要能激发学生的学习兴趣,使他们产生学习的原动力,提高他们的学习热情。为此,教师必须从教材和学生心理特点出发,引人入胜地、步步深入地提出富有趣味性、启发性的问题,用科学的、艺术的、生动的语言,吸引学生去积极思考。比如,我在科教版小学科学四年级下册《把种子散播到远处》一课教学中,先让学生观看几幅结出种子的植物的图片,然后抛出问题:“植物妈妈是怎样把它的后代也就是种子传播出去的?”用拟人化的提问可以渲染情境,激发学生的情感,增强学生的联想。

二、小学科学课堂有效提问的策略

1. 教师提出的问题要能启发学生思考,具有探究的价值

教师的提问决定了学生思考的方向和深度,因此,教师的提问应该有针对性,具有思辨、探究的价值,符合学生的认知特点,符合科学学习的探究性特点。

课堂中,首先让学生就教学内容提出有价值的问题。在问题化教学的起步阶段,老师需要提前预设,在课堂上抛出问题,引发思考,激活思维,当学生养成质疑的学习习惯后,问题由学生提出。在课堂中,首先,教师引导学生自构问题系统即教师引导阶段,教师组织形成问题系统或者说基于问题系统组织学习;其次,学生初步尝试散点提问,合作探究即基于问题系统,组织学习;再次,学生自

主构建问题，群体合作解答还解决不了的问题，全班讨论解答，教师进行归纳总结。

小学科学的课堂提问必须能指向或引出相关的科学概念或原理，教师提问前应创设一定的课堂情景，问题应该是联系学生生活实际和经验，容易引起学生学习兴趣，激发学生的探究欲望，并能预期学生思考的变化方法。

2. 教师的提问要帮助学生重新聚集到要研究的问题上来

小学生的思维非常活跃，但也容易离散，教师在提出一个问题后，学生在思考、交流、汇报过程中往往会出现答非所问等情况，这时教师要及时通过提问、对话等方法帮助学生将注意力重新聚集到要探究的问题上来，让课堂有效率，探究有效果。例如，有教师在科教版小学科学四年级下册《一天的食物》的公开课上，要求学生对一天吃的食物进行分类，学生在汇报时对谷物的种类出现了分歧，教师没有正确引导，学生争论得非常激烈，使教学一直纠结在一些细节上，浪费了很多时间。此时，不如通过提问让学生重新回到食物的分类这个问题上来，让学生把注意力放在本课的学习重点上来。

3. 教师提问的时机应该恰当，抓住最佳提问时间

把握课堂提问的时机是非常重要的，教师应该根据学生的年龄特点、心理特点，选择在最恰当的时候提问，以期达到最佳的提问效果，提高课堂提问的质量。

教师在讲授新课之前，应该从学生的前概念入手，通过观察、回忆调动起学生原有的知识或经验，利用比较、对照、分组等策略，建立起新旧概念之间的联系，使学生获得知识的正迁移。

4. 教师要根据不同层次的学生提不同类型的问题，并且表述清晰

问题根据学生认知程度分为不同层次，低认知层次的问题相对简单，较容易得出答案，但不能引起学生高级思考。只有高认知层次的问题才能引起学生高级思考过程，学生不仅要回忆经验和知识，还要通过分析、综合或评价来思考，以促进学生思维的发展。

在小学科学提问的设计时，应根据提问的对象、教学的任务、提问的目的等选择不同认知层次的问题，好的科学课堂应该包含不同认知层次的问题。这样

使不同类型、不同水平的学生都有思考的空间,都能参与到小学科学课堂中来。

5. 教师的提问要能唤起学生已有知识或经验

教师的提问是为了引发学生思考或是帮助学生思考,所以必须要考虑学生已有的经验和知识水平。教师提出的问题不应该是孤立的、唐突的,要创建起将要探究的概念和学生已有概念、知识的联系,让学生通过比较、联想、分类等方法发散思维和建构知识。例如,我在上科教版小学科学四年级上册《声音的传播》一课时,让学生先回忆、观察水波,然后提出:“根据你们刚才观察到的水波,请你来想象音叉发出的声音是怎样在空气中传播的?”让学生联系水波建构声波的概念。

6. 给学生充分的候答和思考时间

对有一定难度、高认知层次的问题应适当展开,教师在提出问题后,不要急于让学生回答,而应给学生留有充分的思考时间,以便使学生对问题做出较为全面和深入的思考,再来组织好语言回答。具体的措施包括用语言提示,如“先想一想,再回答”“请再想一想,你考虑得是否全面和深入”,或用肢体语言来提醒学生先思考再来回答。

7. 积极评价学生的回答

学生发言是积极思考、勇敢进取的表现,教师要认真、积极对待。同时,学生的回答不可能完美无缺,教师要辩证对待,及时做出公正、积极的评价,以促进学生心智的发展。对一些匪夷所思的答案,教师也要宽容,不要轻易地否定或打击学生,而应通过各种方法或途径了解学生思考的背景和原因。

总之,小学科学的课堂提问既是一门艺术,也是一门科学,教师必须深入了解学生的思维能力和特点,尊重学生思维的发展规律,寻找学生的最近发展区。通过提问的策略帮助学生深入思考问题和建构概念,在与学生对话的过程中,相信学生、鼓励学生,让学生在问题中思考,在提问中成长。

大胆地尝试

——音乐课与相关学科的结合

方　静

全面推进素质教育,重点在于培养学生的创新精神和实践能力。音乐课教学同其他学科一样,也必须围绕这条主线进行。为达此目的,我对小学音乐课教学方法进行一些大胆而有益的探索和尝试,并取得了初步效果。我的做法主要是:充分运用音乐与绘画的相通之处。据说有许多画家在作画时喜欢听音乐,一听音乐就激发了创作灵感,从音乐中得出新的创意。我在教《劳动最光荣》这首歌曲时,也让学生进行了边听音乐边作画的尝试。我说:“你们听了这么欢快的曲子,打算怎样作画呢?”一个学生忙说:“我一边画洗袜子的我,一边哼着歌。”另一个学生说:“我想画一个五颜六色的世界,房顶都是五颜六色的。”还有一个学生抢着说:“我要画的是一排小朋友在自己洗自己的东西,脸上笑得都很灿烂。”大家你一言我一语说个不停,丰富的想象力好像插上翅膀在翱翔。这时我引导他们说:“你们的想法都很好,那就动手画吧!”话音刚落,学生就高兴地说:“太好了!”大家按分好的小组边讨论边分工:“你画小朋友,我画袜子,他画……”只短短的几分钟,学生就在欢乐的和谐气氛中完成美丽的图画,每个人都沉浸在愉悦之中。通过边听音乐边作画,学生的想象力和发散性思维得到充分的发挥。他们不仅仅得到情感的体验,还培养和增强了实践能力。

一、让学生根据音乐的特性自己载歌载舞

音乐艺术的一个明显特征就是具有音乐形象的不确定性,它是摸不着、看不

见的。怎样让学生去实实在在地感受音乐，不妨寻求一种良好的载体。于是，我就让学生将学过的歌曲，通过小组合作的形式编成舞蹈。这样既能激发他们自我表现的欲望，也能使他们进一步感受音乐的深刻内涵。自古以来，歌舞就是一对孪生姐妹，载歌载舞，更能体现艺术的真谛。我根据低年级学生活泼好动的特点以及具有强烈表现欲的心理，将学生分成若干小组，指导学生边唱歌边表演，或将歌曲集体创编为舞蹈。例如，在学完《小燕子》这首歌之后，我让学生观察小燕子出壳、飞翔、捉虫、盖房子的样子，培养他们的观察能力，进而将观察到的用动作表现出来。我说："小燕子出壳，是一下子就钻出来的吗？你能表演一下吗？"学生们争着说："小燕子一下一下把蛋壳啄破，才慢慢挣扎出来的。"说完他们还歪歪扭扭地学起来。我说："听一段音乐，音乐中有对小燕子啄壳的表现，谁听出来了谁就跟着做，看谁表演得最像。"在我的鼓励下，学生们都尽情地做着表演动作；有的做出壳的动作；有的做飞翔的动作；有的学捉虫的样子；有的学做燕妈妈喂小燕子食物的样子；有的学它们辛勤搭窝的样子。通过听音乐学表演，学生的表现欲得到满足，个性得到发展，同时也更深刻地体会了音乐作品的内涵。为进一步提高学生的表演能力，我还指导他们将《小燕子》这首歌创编为舞蹈。我把他们分成几个小组，让他们边唱边跳。开始，每组都站成一排，跳同一个动作，没有什么创新的队形。后来，我引导他们让跳得好的同学担任领舞，队形也进行灵活多样的变化。例如，可前面一个人，后面五个人，组成一个三角形；也可围成一个圆圈，还可两个人对跳。我最后说："现在可以比一比，看哪个组编排得最好，老师将有贴红星的奖励。"在教师的鼓励下，他们大胆地创编动作进行展示。真出乎我的意料。他们的创造性潜能发挥得这样好，有的组排着队挥舞着臂膀，按着节拍得意地走进来，然后又变换成三角形翩翩起舞。还有的组准备了道具，背后绑着天使的翅膀，头上戴着报纸做成的帽子，四个人搭着肩随着音乐跳起来，那种认真劲和活泼劲可爱极了。每个小组编排的舞蹈都具有新意，表演也很到位，我也给予肯定和表扬。这次的舞蹈编排让我深深体会到小组合作式的创编舞蹈更能提高学生对音乐的兴趣。

二、师生共同来探讨

以往音乐课的考评都由教师来评价。评价手段和内容都很单一，平时上课时的表现，每个学生只要会唱一首歌曲，或者会演奏一种乐器就行，至于表情、动作、表演、台风则完全没有要求。考评时，只有台上的学生有事干，台下的学生因无事可做，免不了做些无关的小动作，考评往往在松懈的气氛中结束。出现这种情况关键是没有让学生参与到考评中来，只是教师在唱独角戏。其实，学生同样是考评的主人，他们同处于一个年龄段，具有共同的心理特征和情感体会，有他们参与评价，不仅可弥补教师单一考评的缺陷，还增强了集体的亲和力，从长远角度看，也培养了他们将来从事各项工作的参与合作意识。

教学实践证明，师生对音乐课共同评价，的确取得了良好的效果。音乐不仅是一种吹、拉、弹、唱、跳的表演艺术，还能展现一个人的综合能力。平时唱得好的学生，面对着众人上台表演，有很大一部分人表现得有些胆怯和扭捏。为提高学生的综合能力，我要求每个学生做好表演节目之前的准备工作，并大胆地上台来展示自己，其中包括表情、动作、声音、乐器演奏等各方面。对于台下参与评价的"小评委"，我也从以上几个方面给予考评打分。此外，为使每个学生都能轻松地上台表演，尽量避免难堪场面，我对做考评的学生还有一个特殊要求，就是少挑毛病，多肯定长处和优点，彼此取长补短。如，表情好的，虽动作差一些，仍可评优；音准好的音色差一些，也可评优；音准不好，乐器演奏好的，也可以评优。对于全面发展的学生，可以在优上多加一个红星。通过师生共同评价，那些态度端正、积极努力的学生均取得了好成绩。最后形成一个师生之间其乐融融的场面。在这里，学生的奋发向上精神、积极的参与意识以及取长补短、宽以待人的优良品质，都得到充分的体现。

我深深体会到，培养学生的创新精神和实践能力，全面地提高学生的素质，必须通过多种方法和形式，为学生提供表现自我、发展自我、创造自我的舞台。正如苏霍姆林斯基所说："真正的教育智慧在于教师保护学生的表现力和创造力，经常激发他们体验学习快乐的愿望。"

合肥市莲花小学

即便失败离场，也别忘记成长

姚赛明月

那是区足球联赛的决赛。我区校园足球一直处于全市领先地位，在区级校园足球联赛中突出重围常常比在市级联赛中取得好成绩更加艰难。本场足球赛，不仅关系着我校能否将本届区运动会最有含金量的一块金牌收入囊中，更决定着我校能否在下一赛季市联赛的分组中占据优势地位。风和日丽，秋高气爽。足球场边是由我校老师、家长和学生组成的庞大的“啦啦队”。主场比赛的队员们算是占据了天时、地利、人和的优势。对手实力强劲，曾多次获得市足球联赛的冠军。对方前锋在我方球门前频频制造威胁，防守也很难找到漏洞，再加上我方队员运气欠佳，足球几次撞到门柱后弹出。最终，我校足球队主场0∶3不敌对手。赛后，足球队的宇涵问我：“校长，你看到我们输了，会不会觉得很丢脸啊？”我看着他微笑，继而又把情绪低落的队员们都召集在一起，对他们说：“刚刚宇涵问我会不会因为你们输球而觉得丢脸，首先我想说的是，我丝毫不认为你们让我丢脸，整场比赛我都看了，对手的实力的确比我们强一些，虽然输了比赛，但你们的表现有很多让我觉得骄傲的地方。比如，你们刚刚抱在一起痛哭，相互安慰而没有相互指责；你们虽然输球却不输风度，友好地和对手握手道别，并不忘感谢裁判、教练和观众；你们顽强拼搏，直到最后一刻都没有放弃争取进球的机会……这些都让我感动不已。只要你们赛后认真总结，相信在不久的将来，你们一定能用实力将输了的球赢回来。‘输’不可怕，‘怕输’才可怕！”

一、输了比赛，赢了教育契机

我不知道队员们听懂了多少,记住了多少,但对于这支本年度位列全市第一方阵的足球队而言,这场输了的球赛留给他们的记忆或许比赢得胜利更加深刻。美国著名心理学家伯尔赫斯・弗雷德里克・斯金纳说:“当所学的东西都忘掉之后,剩下的就是教育。”爱因斯坦也曾经引用过斯金纳的这句话,他在一次演讲中说道:“如果你把学校教授给你的一切知识都忘记了以后,剩下的那部分内容就是教育,我们的生活就是去运用剩下的内容思考,去迎接并战胜困难,去开创我们的事业,去追求我们的美好生活。”多年后,他们回想起这个充满阳光的午后,在莲花小学足球场上,相互拥抱安慰的臂膀,失落却并不沮丧的泪水,心底一定会涌起一阵温暖。

二、成长比成功更重要

随着教育主管部门对学校体育工作的日益重视,各级各类体育比赛增多,以赛代练也成了学校体育发展的一个重要途径。我校的足球、乒乓球、花样跳绳、无线电测向等特色体育项目就是在一次次比赛中不断发展壮大起来的。但发展的过程也不是一帆风顺的。记得我校的无线电测向社团刚成立不久,省里刚好有个无线电测向项目的比赛。家长由于还不太了解这项运动,都不支持孩子去参赛。老师也觉得社员们水平不高,即使去了也无法得奖,就对我说:“这样出力不讨好的事情我们还是别做了,去也是当‘炮灰’的。”我说:“就算当‘炮灰’又怎样?只要是有利于孩子成长的,我们就努力帮孩子争取机会。”我们一边动员家长,一边拉赞助,总算让学生到赛场体验了一把。见到了高手,就遇见了榜样;找到了差距,就找到了发展的目标和方向。即便是当“炮灰”,说不定有朝一日也会“积土成山,草木兴焉”。果然,经过几年的发展,我校的无线电测向社团成绩已经位居全省前列。

三、结果无足轻重，赛场即是舞台

我校自推行阳光体育大课间活动以来,一直把“有意思”和“有意义”作为大课间活动的两大标准。跑操、广播操、自选游戏活动、放松操四大环节环环相扣，教师与学生共同享受运动的快乐。特别是自选游戏活动，充分尊重了学生的个性特点和年龄特征，各班在每学期开始时自主申报，学校再根据需要采购个性化活动器材。这八分钟也成了最受师生欢迎的时段。记得刚刚开始拟订大课间方案的时候，体育组对班级自行选择的运动项目环节提出了疑虑：各班的自选项目都不同，几十个班就有几十套细化的大课间方案，这样“各玩各的”，学校如何比较各班大课间活动质量的高低呢？我说：“不是每一项活动都非得争个高下不可，让师生享受运动的快乐，激发运动的兴趣，比分数更有意义。”几年的大课间活动实践证明，这样的大课间形式总是充满生机，惊喜不断。当然，每学期结束时学校也会安排班级大课间评比，但这样的评比少了份“火药味”，赛场成了各显神通的“大舞台”，每个班都把评比当成展示自己的“秀场”。自己跟自己比，有时更有教育意义。

四、先要更强，再要更快更高

体育追求“更高更快更强”的奥林匹克精神，但在基础教育阶段，一味地追求“高”与“快”却不可取。小学教育是播种，培养孩子的兴趣和良好习惯是第一要务，少数孩子的“更高更快更强”往往是以大部分孩子的“更低更慢更弱”来作衬托的。一场比赛结束后，我们常常看到，校长的脸色随着输赢所变化，教师又把压力转嫁到学生身上，赢了皆大欢喜，输了风声鹤唳。“以成败论英雄”往往会助长孩子的功利心理，与我们的教育理念背道而驰。我们追求更强，绝不只是体质强或成绩强，更多的是小学体育要给孩子的一生打下坚实的根基，包括锻铸强大的心理素质等。只要根基强健，“更快更高更强”会随着他们年龄的增长水到渠成、如期而至。

我偶然间看到一则公益短片，说的是一个热爱足球的孩子，每天刻苦训练，可到了比赛的时候，教练只安排他作为替补队员，直到比赛结束他也没能上场。影片里的小男孩失落的神情让我心疼，但他执着的眼神，又让我看到了希望一定就在不远的将来。片尾出现了一行字——即便不能上场，也别忘记成长。是的，过程比结果更重要,成长比成功更重要。只要不断追求,不断蕴蓄成长的动力,即便不能在赛场上崭露头角,也一定可以在自己的人生舞台上熠熠闪光。

非"标"呈现　让算理走进儿童心里

——以《百以内数的加法、减法(二)》单元教学为例

方　程

非"标"呈现,顾名思义,就是在标准化呈现(教材例题)的基础上,对素材进行适当的调整或改动,使儿童在活动中能更好地认识数学知识的形成过程,从而深刻理解知识本质。

自2001年开始的课程改革,让计算教学大体经历了"轻算理、重算法—重算理、轻算法—'理''法'并重"这样三个发展阶段。"运算能力"也在2011版新课标中被列入十大核心概念,同时也把算理、算法重新写进新修订的教材。算理是四则运算的理论依据,它是由数学概念、运算定律、运算性质等构成的;算法是四则运算的基本程序与方法。运算是基于法则进行的,而法则又要满足运算定律等。所以,算理为法则提供了理论依据,法则又使算理可操作化。但在具体实践中,产生了很多算理教学的"面子"工程。笔者结合《百以内数的加法、减法(二)》单元教学,通过对素材进行非"标"呈现,谈谈如何让算理真正走进儿童心里,切实落实课标要求,提高儿童的运算能力。

一、慢到极致——让算理"溢"出来

皮亚杰说过:"儿童的思维是从动作开始的,切断动作与思维的联系,思维就得不到发展。"

案例1:苏教版一年级下册《两位数加一位数(进位)》

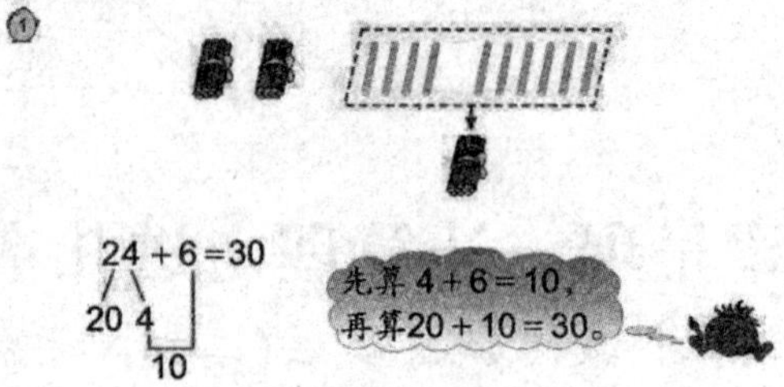

创设情境，提出问题后，学生列式：24 + 6 = ?

师：这道题你会算吗？先算什么，再算什么？可以先算出结果再摆小棒验证；也可以先用小棒摆一摆，再思考怎么算。同桌两人合作探究。

显然，这是按照教材编排的思路做出的设计，试图使儿童通过摆小棒理解算理，弄清算法。但在课堂中，儿童对于探究算理的活动极不情愿，一是绝大部分儿童已经会算了，他们对摆小棒这件事很不乐意，敷衍了事；二是少数不会算的，通常先摆出 24 根小棒，再依次往后数出 6 根，即 25、26、27、28、29、30，这样顺利找到了结果，就此罢手了。但我们所期待的算理一直没能出现，教师也只能草草收场，进而开始了多样化的计算训练……

通过案例描述不难发现，这样的标准化呈现，没能达成教学目标。那么，我们可以做怎样的调整，使儿童乐于操作，从而真正理解算理呢？

我们发现，因为儿童觉得简单或者只想找到正确结果，所以他们往往忽视了对摆小棒过程的观察和思考，我们只有“逼”大家将寻找结果的动作慢下来，发挥观察力，才能有效进行算理教学。研究表明，人的身体感官中若有某一感官受损，则另一感官会更发达。于是，我们做了如下调整：

师：这道题你会算吗？先算什么，再算什么？可以先算出结果再摆小棒验证；也可以先用小棒摆一摆，再思考怎么算。同桌两人合作探究。特别要求：同桌不能进行语言交流，只能通过摆小棒努力让对方看明白，先算什么，再算什么。

我们通过课堂观察发现，在指名汇报时，上台汇报的儿童摆小棒的动作慢到了极致，台下的儿童更是看得极其仔细。大家观察几分钟后，一只只急于表达的小手举了起来，“计算 24 + 6 就得把 24 分成 20 和 4，先算 4 加 6 等于 10，再算 20

加10等于30”。算理就这么顺着思维“溢”了出来。

二、设置障碍——把算理“拆”出来

我们都知道儿童个体认知的三个阶段是动作认知、图形认知和符号认知。而低年级儿童对动作认知更加敏感，因此，我们一直认为，若能让儿童通过操作去理解算理，效果一定很好。但以下案例中的一场操作开始却未达到我们预期中的效果。

案例2:《两位数减一位数(退位)》

计算 30 - 8 = ?

师:这道题会算吗？(会)那么，你们能用摆小棒的方式再来验证一下自己的计算结果是否正确吗？然后跟同桌说一说，先算什么，再算什么。

(学生独立操作，教师巡视)

教师话音刚落，很多孩子已经自信地举起了小手，希望汇报自己的方法。于是，教师也欣然地请学生开始汇报了。

生:我是这样想的，只要取出3捆小棒，从1捆小棒里抽出8根小棒就可以了，结果等于22。先算10 - 8 = 2，再算20 + 2 = 22。

(教室里响起雷鸣般的掌声)

教师随机出示分解图，帮助学生理解算理，明确算法。

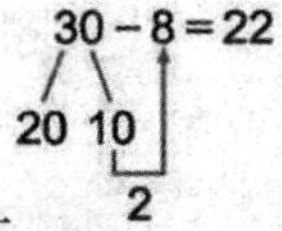

师:看来大家不但会算，还通过摆小棒知道了先算什么，再算什么，以及为什么这样算的道理。那么，我们一起来检验一下自己的学习成果吧。

出示题目:填一填，说说先算什么，再算什么。

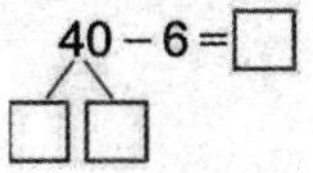

学生作业:

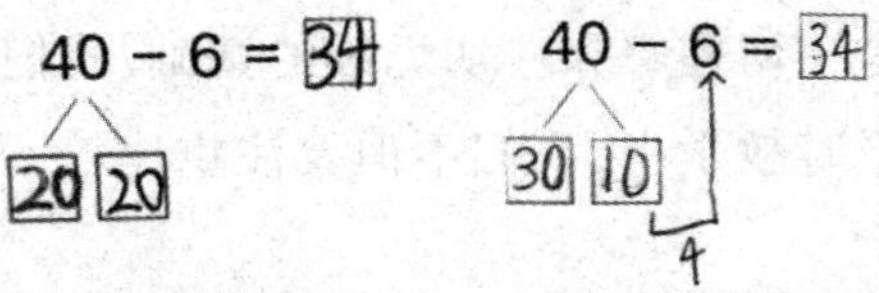

第一份作业　　第二份作业

课堂反馈中,有80%的儿童算法与第一份作业相同,有15%的儿童算法与第二份作业相同,还有5%的儿童不知道怎么填。

这种尴尬是教师始料未及的,儿童通过摆小棒参与了计算探究,为什么会出现上述问题呢? 通过反思,我们发现拆1个10的"需求"在这里没有得到体现,反而使操作走向了形式化。那么,如何让学生产生这种"拆10"的需求呢? 我们做了下面的尝试:

教师为班级中的4个小组准备的是不能拆开的1板1板的小棒(如图)。

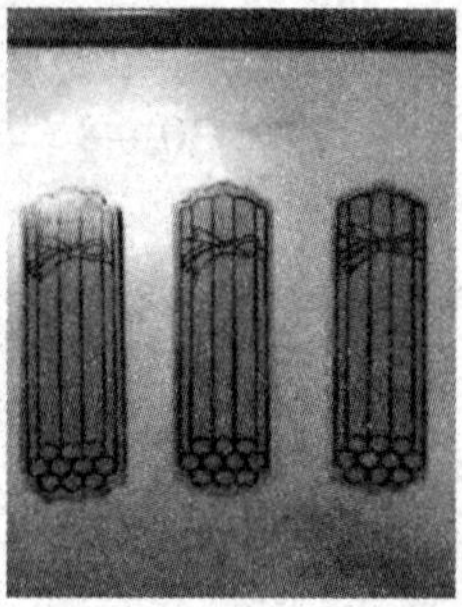

师:刚才大家在摆小棒时,有几个小组遇到了困难,我们一起来听听吧。

生:我们小组这个小棒没办法拆开,所以我们摆不了。

师:那么,你们需要什么? 老师可以为你们提供。

生:我们需要把这1板小棒换成可以拆的1捆小棒。

师:其他2板不换吗?

生:不用换。

师:好嘞! 我们来换吧。大家仔细看好哦。请思考,我们这时候把30分成了……(20和10)

生:我们把这1个10拆成了10个1,这样我们就先算10-8=2,再算20+2=22。

这时候,儿童对算理的呈现过程印象是非常深刻的。接着呈现分解式,再对照分解式说算法时,儿童的头脑中就有了清晰的表象支撑。张天孝老师说过:"算理是运算的根本,算法是算理在具体问题中的应用和表现,掌握了算理就能更好地落实算法。"

三、多语言转化——将算理"比"出来

乌申斯基认为:"比较是一切理解和一切思维的基础,我们正是通过比较来了解世界上的一切的。"在平时教学中,我们不但要注重比较,而且要善用学具,引导儿童进行比较。

案例3:《两位数加两位数(进位)》

这节课是在学生已经掌握了两位数加一位数进位加法口算和两位数加两位数不进位加法笔算的基础上进行教学的。例题以两个小朋友交流收集的邮票为题材,由两个小朋友的邮票枚数提出"两人一共有多少枚"这一问题,引导学生列出加法算式34+16,并借此教学生和是整十数的两位数加两位数进位加法的笔算。考虑到需要进位的两位数加两位数的计算过程相对比较复杂,教材首先要求学生用小棒摆一摆或用计数器拨一拨,启发儿童借助教具初步理解并掌握"个位相加满10,向十位进1"的算理以及相应的计算过程。在此基础上,介绍竖式的写法,并进一步明确:由于个位上4+6满10了,所以要向十位进1,同时在个位上写0。

然而,在实际课堂教学中,教师往往将摆小棒、拨数珠活动当成走过场,把教学的重点放到了竖式的写法上,以及对算法的总结上。这势必给儿童后期的计算学习带来负面影响。一切都直奔"我会算""怎么算",而究竟为什么这样算,不得而知。脱离了算理支撑的算法,只会让学习变得越来越困难。

如何让摆小棒、拨数珠活动真正帮助儿童加深对竖式中进位小"1"的理解,这是教学的关键。笔者以为,可以在比较中借助普通语言,让动作语言、图形语言以及符号语言进行相互转化,从而理解算理。

师:刚才哪些同学通过摆小棒验证了自己的计算结果?

师:不对呀,我们黑板上明明只看到4捆小棒,第5捆小棒在哪里呢?

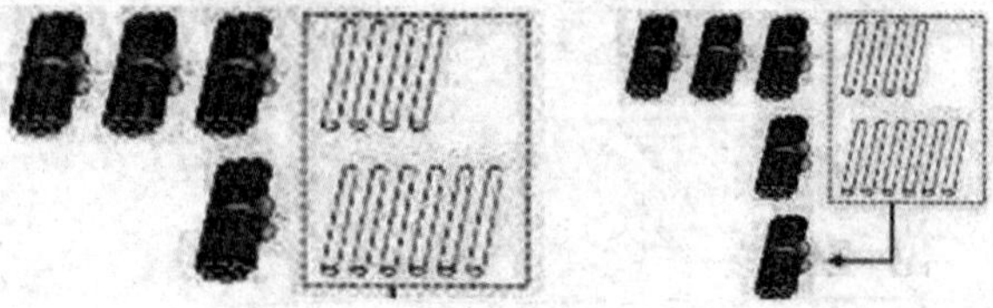

(指名上台圈画)

原来我们将4个1和6个1合起来就是10个1,也就是1个10。这样就得到了第5捆小棒。

师:那么,刚才拨数珠的同学有没有在计数器上发现第5捆小棒在哪里呢?它又是怎么产生的?

(指名上台解释)

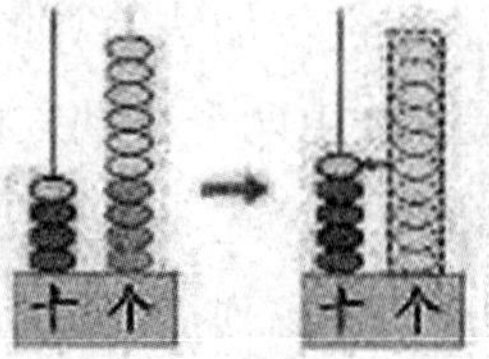

师:由此看来,我们不论是摆小棒还是拨数珠,都产生了新的"1个10"。这1个10的产生有什么共同点呢?

生:都是把4个1和6个1合起来,才得到1个10的。

师:那么,竖式计算时,你会怎样计算呢?这小"1"你觉得可以放在哪里呢?先独立思考,再与同桌交流。

……

通过动作语言(摆小棒、拨数珠)、图形语言(课件展示)以及符号语言(竖式计算)的逐一呈现,实现多语言的转化,为进位小"1"提供了丰富的表象支撑,让学生感悟到数学竖式的快捷、简便以及数学的严谨性。

布鲁纳在其《教育过程》中写道:"获得的知识,如果没有完整的结构把它连在一起,那是一种多半会遗忘的知识。一连串不连贯的知识在记忆中仅有短得可怜的寿命。"

综上所述,"数学是讲道理的",计算教学也是如此。所以在计算教学中,教师不能只是照本宣科,需要借助多种手段,"启"在疑惑点,"拨"在困难,将学生带入算理更深处,慢慢品味其中的“道理”。只有这样,我们所倡导的“法”“理”并重,才会在计算教学中得到真正的落实,进而切实提高儿童的运算能力。

浅谈小学美术中的国画教学

吴云侠

从小培养学生练习国画是对我国国学艺术的传承,也是我们教育工作者的光荣使命。从小学阶段开始学习国画,可以更好地增进学生对传统文化艺术的理解和热爱,提高学生的艺术修养。此时开展国画教学,是存在优势的。优势在于这一阶段的学生可塑性非常强,接受能力也很强,又极具创造力和想象力,在他们的笔下有很多淳朴画面和成人难以复制的稚气与纯真童趣。下面笔者根据从教几年的教学经验,从临摹优秀作品、写生创作和改变评价标准等几个方面来简述一下自己对小学阶段国画教学的几点认识。

国画是我国的传统绘画形式,是用毛笔、墨汁以及颜料作画于宣纸或绢帛之上的。它具有悠久的历史,在世界美术领域中绽放着灿烂的光芒。国画教学在整个美术教育体系中占有重要地位。《美术课程标准》中指出:"美术是人类文化的一个重要组成部分,与社会生活的方方面面有着千丝万缕的联系。通过美术课程,学生了解人类文化的丰富性,在广泛的文化情景中认识美术的特征、美术表现的多样性以及美术对社会生活的独特贡献,并逐步形成热爱祖国优秀文化传统和尊重世界文化多样性的价值观。"蔡元培在其《美学文选》中也提出:"美育者,应用美学之理论于教育,以陶冶感情为目的者也。"而"美术教育是对学生进行美育、促进智力发展的重要手段"。

人美版小学美术教材中涉及的国画课程有《彩墨游戏一》《彩墨游戏二》《娇艳的花》《用彩墨画鱼》《动物的脸》《认识中国画》《汉字的联想》《花鸟画一》《花

鸟画二》《山水画》《有特点的人脸》《奇特的人脸》，等等。这几课已经涵盖了花鸟、山水和人物三科，将国画中的基本技法全部融进去。这对刚入门的学生来说，只是粗略地认识中国画，想要学生对国画有更深入的理解和掌握，还需做大量的练习。

从教以来，我经常会思考，怎样才能正确地教学生学习国画？是简单地通过临摹，学习技法，还是注重学生的自主发挥和创新？实践和时间都证明了一点：两者皆重要。临摹是传承，创新是发展。

一、临摹优秀作品，传承中华文化

小学生正处于发展阶段，也是模仿学习的最佳时期。他们渐趋成熟，对世间万物皆兴趣盎然，思维处于比较活跃的阶段，但是其理解力还是不够，所以在国画教学中，还需要有范本和实物作为参考。国画是用毛笔、墨汁和颜料在宣纸上画出的意向造型，题材多来自自然界，可是物象的表现形式又与现实形象差别甚大，所以临摹范本是学习国画入门的基本途径，也是掌握国画技法的重要学习方法。

兴趣是学生主动学习的动力，临摹范本应尽量选取贴近现实生活的题材。学生对自己见过或很熟悉的内容，会有一定的认识和理解，也有助于降低学习难度，激发他们的绘画热情。反之，如果选取生活中没有见过或是都没有听过的物象，不管教师怎样去详细地讲解，学生脑中都是一片空白，而只有胸中有竹，才能画出生动的画面。所以在教学内容的选择上，应尽可能地选择大家比较熟悉的题材，引导学生细心观察周围的环境。

在选择范本上，笔者认为应选取名家名作，比如花鸟科中，选取齐白石、吴昌硕和潘天寿等大师的作品。学生在临摹这些范本时，不仅能学习到笔法、墨法、设色和构图，还能提高自身对国画作品的欣赏眼光。好画养眼也养心，学生在欣赏名作的过程中，也在慢慢地提高审美水平。

在临摹教学中，教师可以先引导学生认识、了解物象和基本的笔法、墨法，在理解的基础上再去解决教学中的重点难点，这种深入浅出的方法，可使学生轻松掌握课堂知识。比如在画面中需要处理聚散和虚实的关系,笔者会以图片的形式展示给学生看,将有聚散的构图和松散式的画面做对比,再展示利用聚焦将物象表现清晰而将背景处理朦胧的图片,直观呈现虚与实的画面关系。

小学生在实践中经常会遇到的技法难点在调墨部分。《彩墨游戏一》和《彩墨游戏二》就涉及墨的五色。从笔尖到笔肚再到笔根,每一部分的墨色和水分程度是不一样的,只有在调墨的时候掌控好了,才能将笔上的墨色层次拉开距离。所以在平时的教学中,笔者会让学生在起初调淡墨时加些花青,有些颜色在墨里,学生易于分辨浓淡。除了从淡到浓的调墨色方法,还有中锋、侧锋用笔时的技巧,也需要不断地练习,才能熟练掌握。

二、写生创作,深化对中国画的理解

有了临摹做基础之后,就可以尝试写生创作。写生是将学到的传统理论知识和技法转为己用,是对国画教学中的传统理论知识和技法的检验,也是对学生学以致用能力的考核。

在生活中观察物象,掌握其主要特征,对物象有比较完整、生动、形象的了解,学生就可以在大自然中发现美、感受美,从而创造美。现实生活中,学生出门写生的机会很少,所以笔者将所要画的实物搬到课堂上。如课本中所学的《荔枝》,为了使学生直观感受荔枝的外形和颜色,笔者带了很多荔枝到课堂上。学生通过看、摸、尝等,很快地认识了荔枝的特点、结构等。对于平时难以理解的前后遮关系,笔者也通过一串串和一盘盘荔枝的展示,使学生清晰明了地认识到了。再通过教师的讲解和示范,学生领会到了构图中的取舍、走势等,进而丰富自己的画面。

艺术来源于生活,又不同于生活,需要人的主观再创造。学生在写生的同时,也在无意中开始了自己的创作。通过前期的临摹,学生掌握了基本的笔法和墨法,在教师的引导下,经过写生实践,开始再加工的艺术创作。

在写生创作中,首先,要注重培养学生的实践能力,积极引导他们去观察和思考,鼓励其大胆作画。细致入微地观察、理解物象的结构和规律,能让学生做到心中有数,这样下笔才不会拖泥带水、飘忽不定。鼓励学生用自己的视角去表达他们对物象的理解,不可用成人的标准去衡量。其次,还需要充分发挥学生自己的特性,积极培养其想象力与创新力,力求使他们在理解物象的基础上,发挥自身的创造力,感受国画写生带来的美感和创作乐趣,当然也要避免出现只追求创新而忽略笔墨的现象。学生都有自己的特点,针对不同个性的学生和其不同的作品风格,鼓励他们采用适合自己的表现手法,自由地表达内心的感受。千万不能让他们千篇一律地重复同一题材和画面,那样只会让他们觉得索然无味,且阻碍了学生的个性发展。当然,最重要的一点是丰富学生的情感。我们经常说"画如其人",好的绘画作品绝对是倾注了画者的个人情感的,也是画者内心的一种倾诉。

三、改变评价标准,提高审美能力

评价对教学具有引导和激励作用,学生的自评和他评可以让教师及时了解学生对课堂知识的掌握情况,也能反映出学生的审美水平和能力,同时有利于教师制订教学计划。被评价者也可通过他评和师评看到自己的优点和不足,及时找到原因和解决方法。多元化和个性化地评价学生的作品,可以培养学生的自信心。

在多数人的眼中,一幅画画得好不好,通常是以是否像实物为准,这种单纯的评价方式是偏面的,不利于学生的发展。小学生的画应该先看画面是否充满童趣和想象力,再看笔法和墨法的掌握程度。作为教师,我们在评价学生时要充分考虑到个体间的差异,以尊重为前提,以学生为本,用肯定和欣赏的态度对待他们的每一小步进步,重视其成长规律和个性健康发展,促进学生的全面发展。评价过程中,我们可以多引导学生从不同的角度去分析画面,充分发挥自己的审美感受,做出自己的审美判断,鼓励他们采用适合自己的艺术语言来表达,并用自己独特的视觉感受来欣赏作品。

师古可以学习到前人积累下的精华,而师造化方能展示自己个性的领悟。正如唐代画家张璪所提出的"外师造化,中得心源",国画教学只有贴近学生的生活，他们才能在生活中发现美，在自己对世界万物的感悟中创造美、表现美。

在小学国画教学中，我们要坚持以临摹为基础，学习古人的笔法、墨法、构图等传统精髓，再结合实际写生，尽可能地创造性使用可供参照的名家范本，寻求有效的方法来创作。国画教学任重道远，在今后的教学工作中，我会继续研究如何提高国画教学水平，让学生爱上这门历史悠久、风格独特的传统艺术。

探析小学语文教学中学生倾听能力的培养路径

刘晓娟

倾听是一个人进行表达与交流的重要前提，在小学语文中，通过对学生倾听能力进行有效培养，学生不仅能了解他人思想，还能准确表达自己的观点，进而强化交流。所以，应该注重学生倾听能力方面的科学培养，对倾诉者给予尊重，进而使学生学会社会沟通。

小学生习惯进行自我表达，但经常忽视倾听，这使得他们缺少倾听习惯。基于此，教师要利用好语文课程，可以对学生的倾听能力全面培养，只有当学生专注于内容的倾听后，才能对内容给予理解，进而准确表达。因此，教师要关注倾听习惯的正确培养，强化学生的交际能力。

一、培养学生倾听能力的意义

对于学生来说，如果他们拥有良好的倾听习惯，不仅可以与同学进行有效交流，能够准确抓住对方思想，还能在语文课上有效把握关键知识，提高学习效率。虽然有的学生看似学习时间少，但他们有着倾听他人讲话的习惯，所以能够对重点知识准确提取，使得他们学习效率大大提高。在新课改下，需要学生进行全面发展，而倾听能力是关键一环。如今小学生日益活泼，他们的主体性开始逐渐展现，在语文课上，他们不仅积极发言，还喜欢提出一些问题，渴望得到教师解答。在这个过程中，培养倾听能力显得尤为重要。当一位学生提出某些问题后，如果其他学生能够仔细倾听，一方面能发散他们的思维，加深对问题的思考；另一方面能减少问题的重复性，提高教学效率。从小学生的特点可知，他们喜欢表达，尤其其他学生发言后，如果学生不断重复某一问题，不能仔细倾听教师回答内容，会使教学活动不能有效推进，影响教学进度。但通过培养倾听习惯，可以向学生逐渐渗透倾听他人的重要性，这样不仅会使学生善于倾听，还能与同学友好相处，提升自身教养。

二、小学语文教学中学生倾听能力的培养策略

1. 端正倾听态度

倾听态度会对倾听效果产生很大影响，所以，要想对倾听能力加以培养，应该首先端正学生自身倾听态度。例如，当对方发言时，应该用目光注视对方眼睛，并通过微笑或者点头示意自己在倾听来作为回应。因此，在语文教学时，应该合理利用课文，这样在倾听时，能够对同学给予尊重。例如，在讲《妈妈睡了》课文后，学生可以对自己妈妈睡梦中的样子进行描绘，这样既能了解对方妈妈的样子，也可以与自己妈妈进行对比，增强对妈妈的喜爱。另外在倾听时，能够对专注力进行培养，使小学生专心，可以听清同学的话语，这样既能对他们发言内容是否正确给予判断，还能培养耐心，而不是在别人发言时进行打断。只有当学生端正了倾听态度，才能在语文课堂上认真听讲，提高听课效率。

2. 加强听、说、写的结合

在小学语文课上，应该加强听写训练，把说话与写作紧密结合，一方面写作是对说话的一种表达，另一方面认真倾听后才能合理表达，所以，把三者相结合，能够使教学更加丰富。例如，在语文课上，能够开展“我说我写”这一活动，在这个过程中，可以有效锻炼学生平时说话的胆量，并对写作进行强化，引导他们认真观察周围事物，这不仅能为写作积累较为优秀的素材，还能培养倾听习惯，能够对事物加以认真记录。例如，在讲完《玲玲的画》课文后，让学生进行“我说我写”，说出从玲玲身上学到的东西，并写出个人感悟，如学会动脑筋、转化思维、进行换位思考，进而完善小学生的品格。另外，也可以组织“我玩我写”的相关活动，很多小学生都喜爱游戏，所以，在听写阶段引入游戏作为辅助教学，既能强化

对听写活动的参与，还能开拓他们的思维，避免语文思维受到局限。比如，在看图写词中，教师把词语有机融入游戏中，让学生每人代表不同的词语，同时教师播放背景音乐，让学生自由活动，当指令响起后，学生必须根据指令有效地写出词语，只有确保书写完全正确，才能最终获得“我玩我写”游戏的胜利。这样既能使倾听教学变得比较灵活，也能增加听写活动的趣味性，培养学生的倾听能力。

3. 培养倾听意识

在新课改下，教师已成为课堂活动的重要引导者，因此，应对学生进行正确且积极的鼓励，使他们可以自主管理，培养倾听意识，这样在听写期间可以发散他们的语文思维，防止思维僵化。教师应创设相对良好且稳定的课堂环境，让学生能够投入倾听活动中。例如，在讲《寒号鸟》时，一方面学生能够结合自己以往学过的一些知识进行思考，与同学交流；另一方面可以使他们碰撞出新的想法，从不同方向进行思考，这样既能使他们体会到倾听的乐趣，还能强化倾听意识，提高学习效果。

倾听习惯不仅关系着学习效率，还影响着学生日后成长，所以，应该对语文课程加以利用，对语文内容进行积极挖掘，强化倾听训练，使学生能够乐于倾听，这样既能使倾听意识得到有效唤醒，还能科学有效地培养倾听能力。

音乐要素对色调的影响

——以浪漫派合唱作品为例

王奇辉

色调是音乐表现的重要手段,合理的色调布局才能赋予合唱作品生命力以及灵魂。构成合唱色调的基本因素包括歌唱音高、歌唱音量、歌唱速度及歌唱音色这四个方面。此外,合唱作品的产生时期、风格、流派及指挥和合唱团员对作品的理解等诸多因素,也影响着色调的表述。色调在浪漫派合唱乃至整个音乐艺术中占有非常重要的地位,研究色调各个因素的相互关系对合唱艺术的再现有着十分重要的意义。浪漫派合唱同样少不了对色调因素的较为深入的认识及应用,为浪漫派合唱作品着色,就要站在宏观的角度对合唱作品进行整体分析。只有把握整体才能进一步对作品中各乐汇、乐句、乐段的活动动态与地位合理安排,从而构成主次分明,强弱、高低、浓淡明晰的合唱音乐。只有通过整体分析设计的色调,才能符合合唱作品的创作意图,从而在艺术再现中得到完美的体现。

一、音量

歌唱音量的变化主要是通过歌唱的气息和歌唱的力度变化来实现的。一般来说,当歌唱气息和歌唱力度较强时,歌唱音量就比较大;而歌唱气息和歌唱力度较弱时,歌唱音量就比较小。浪漫派合唱作品中色彩的调和对比主要表现为主、辅声部的色调对比,而主、辅声部的色调对比又主要通过音量和音色的对比得到表现。一般来说,主旋律声部应相对鲜明并突出其色调,而其余各辅助声部的色调则应根据各自不同的角色要求做出恰当的处理。例如,当某声部处于主旋律位置时,其声部色调就应该相对突出,其余各辅助声部则应将各自声部的色调调整到合适的位置,以起到对主旋律色调的衬托渲染作用。因此,在合唱中应该始终强调主、辅声部色调的明暗对比。并且,合唱色调对比还应以合唱音量的均衡为依托。因为,歌唱色调的明暗对比与歌唱音量的大小变化有着密不可分的关系。通常情况下,当合唱音量较大时,合唱色调也相对鲜明;而当合唱音量较小时,合唱色调也相对暗淡。因此,合唱色调的对比主要可以通过合唱音量的对比得到表现。我们在合唱训练中应加强对合唱音量调控能力的练习,严格细分不同的歌唱音量档次,并注意处理好从最弱音到最强音(ppp < pp < p < mp < mf < f < ff < fff)的各种音量变化的对比和衔接过渡。

但也有例外,那就是在合唱中有一种特殊的歌唱状态,歌唱的音量不高,却要求用很有力度的声音来歌唱,即歌唱气息控制,而歌唱力度保持。

谱例 1 *Les djinns*

这段谱例选自福列 *Les djinns*,这段就要求运用音量控制得很小但很有力度的歌唱技巧,很好地体现出力度和色调的关系。

在音乐的表现方面,力度经常被分为多个等级,如 pp、p、mp、mf、f、ff 等。强弱的变化多样在合唱训练中是对色调表现影响较大的因素之一。而浪漫主义崇尚个性,所以浪漫派合唱将强弱对比发挥到了极致。在实际排练浪漫派合唱作品时,指挥个人对合唱作品理解的不同,也会使演唱中音乐强度的表现有所不同。在基本框架一致的情况下,力度在变化上会有一定的差别。力度变化在不同的瞬间表现了合唱团员在情绪、情感等方面的细微变化,合唱团员内在的情感通过力度的变化全面地得以渲染，达到感情、情绪的传播，产生影响听众情感、情绪的作用。值得注意的是，浪漫派合唱作品中细微之处的色调变化必须符合整个音乐作品所要求的情绪，有的曲目的力度对比需要很明确的表现，也就是强弱对比需要很明显地表现出来。合唱排练中，同样力度的标记在实际演唱中，有时因不是处在同一个乐章、乐段甚至乐句，其表现的力度变化就有可能是不同的。如，从 pp 的强度渐强至 ff 或由 pp 的强度突然变化为 ff 时，在感觉上，第二种的变化要比第一种的 ff 更强烈。

二、音准

歌唱和乐器演奏中所发的音高，能与一定律制的音高相符，称为音准。音准是合唱艺术中极为重要的元素之一，如果一个合唱团没有把音准问题解决，即便演唱的情感再真挚、音色再优美也难以形成良好的听觉享受。浪漫派合唱作品，特别是浪漫派后期的合唱作品对合唱团员的音准水平要求是很高的，因为这一时期的曲目有大量的变化音，而这些变化音如果没有唱准，是不能完整地表现出作者当时的情感、作品的风格等。所以这一时期的合唱作品音准则显得格外重要。

谱例 2*Les djinns*

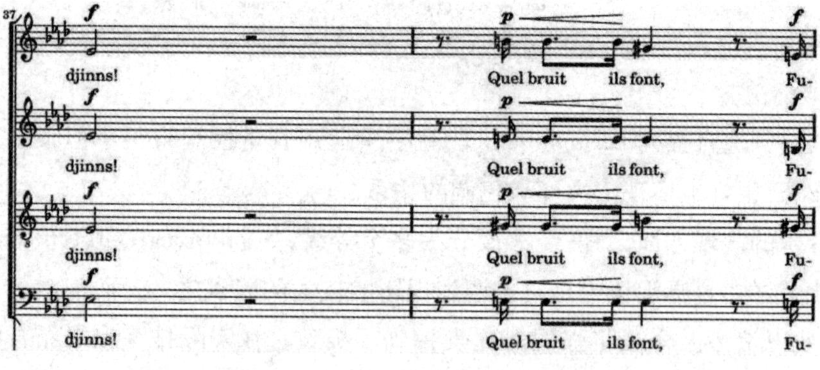

这段谱例是选自福列 *Les djinns*，这段合唱就出现了很多的临时变化音，团员在唱这首作品时，就需要有很好的音准基础，如果变化音唱不准，将很难将这首

歌曲唱得完美。

三、速度

歌唱的速度在这里具有两方面意义:一方面指乐谱所规定的演唱速度,即按节拍进行的歌唱速度;另一方面是指歌唱者在演唱某一具体乐音时的歌唱气息运动速度。当我们在按照乐谱规定的速度歌唱时,通常应该在乐谱所限定的速度内演唱。乐谱的规定速度也称为法定速度,演唱时不能轻易更改。但对于某一首乐曲来说,随着时代的变迁、环境的不同,人们对该乐曲的审美情趣也会发生变化。例如,当不同的人在演唱同一首标明快板速度的歌曲时,就可能会分别做出一般的快板和稍快的快板等不同的艺术处理。但所有这些细微的速度变化都必须合情合理,不能随心所欲地处理。一般来说,较快的音乐速度具有较明快的音乐情绪,极快的音乐速度具有热烈激昂的情绪,中庸的音乐速度较具抒情性,而慢速的音乐则具有深沉冷峻的情绪。

在浪漫派合唱作品中,速度的变化是影响音乐作品色调变化的一个重要环节。合唱团员对音乐作品情绪的把握与创作者的创作思想再现,要忠实于原创的基本精神和基本思想,只有在仔细分析作品内容后,才能准确地把握音乐的织体、节奏以及和声等,从中给出符合作品的一个正确的速度,并结合音乐力度和音色的变化,从而获得正确的色调变化。如果一首轻松活泼又富于弹性、欢快流畅的音乐作品,音乐的现实速度处理得过于缓慢,就等于违背了音乐作品原创的初衷,情绪和情感的表达也会随之相距甚远,色调的呈现一定会使人感到不适宜。如果音乐作品获得了一个正确速度,其色调的表现才最为合理并且有意义的,能够赋予作品以丰富的表现力。以德国作曲家门德尔松创作的歌曲《乘着歌声的翅膀》为例,歌曲为6/8拍,整体基调平稳,中速,富有感情,很多指挥将歌曲处理得过于欢快,这样一来,整首歌曲的情绪就与作曲家的初衷大相径庭,破坏了其原本的色调体现;而处理得过于拖沓,如摇篮曲般舒缓轻柔,速度缓慢,则丧失了歌曲素雅宁静的气氛,使作品再现变得毫无生气。因此,如果对音乐作品没有进行细致的分析,捕获不到准确的音乐速度,也就不能获得相对准确的色调。

只有掌握了正确的速度以及速度的各种变化,才有可能完整地将色调进行细致的描绘。然而对于一般合唱团来说,完全要求其通过自身的理解能力完成以上所提出的要求和一个完整严密的思考过程绝不是一件易事,这就要求训练者(指挥)在日常的训练中通过一系列行之有效的方法帮助合唱团员从理解歌曲内容入手,日积月累,使其思想达到一定的高度。

谱例 3 *The Cherubic Hymn*《摇篮曲》

以上这两首谱例，第一首是柴可夫斯基的作品 *The Cherubic Hymn*，第二首是选自勃拉姆斯作品《摇篮曲》。第一首曲目风格很有气势磅礴的感觉，速度是很快的，而第二首曲目风格是轻柔舒缓的，所以速度是很慢的。所以说合唱作品的风格不同，速度也不相同，体现出的色调性也是不同的。

四、音色

在独唱时，每个人都可以根据自己的音色特点和歌唱习惯形成个人的歌唱音色。但在合唱中则要求将个人的音色特点和歌唱习惯加以掩饰，使其符合合唱的音色规范，形成所谓的“合唱音色”。“合唱音色”由各声部的不同音色综合形成。虽然演唱者本身的自然音色总是因人而异的，但在合唱的时候，每位合唱团员的歌唱音色必须首先服从其所在声部的音色特征，而不能各行其是。必须要求每位合唱团员暂时丢掉自己固有的音色，努力使自己的嗓音状态符合合唱声部对音色的统一要求，以形成特有的“合唱音色”。浪漫主义时期由于崇尚个性，渐强减弱，和声和器乐的大力发展，音色的对比技术发展到极致，它可以形成淡如天上浮云的效果，也可以浓如暴风骤雨的效果。所以一个好的合唱团如果想演唱出一首效果很好的浪漫派合唱作品，在日常训练中同样少不了对色调因素的较为深入的认识及应用，从而在艺术再现中得到完美的体现。

浪漫派合唱作品的声部大部分是混声合唱，包含女高音、女低音、男高音以及男低音等多种声部丰富的音色。这种混声合唱的音色较为丰富。因此，在合唱排练中，若想使音色能融为一体，准确而充分地表达合唱作品的内容与风格，就必须做到音色的相对统一与各声部音色的靠拢，而相对靠拢的音色想在混声合唱中做到是较困难的。所以团员只有经过一系列的练习，才能比较好地做到音色的靠拢。然而，通过赋予音色的多种变化，使合唱表达出多种情绪和情感是浪漫派合唱应考虑的另一大问题。合唱团员音色的变化影响着音乐作品色调的变化。明亮而欢快的音乐、沉静而缓慢的音乐等，都会随着音色的变化，将喜怒哀乐展现得淋漓尽致，使艺术作品的情感得以再现。

此外，由于音乐作品风格的不同，所表现出来的音色也会有所不同，因而色调的描绘也会不同。合唱作品音色的表现要能够做到刚中有柔、柔中有刚、刚柔相济、抑扬顿挫等，才可以说是一种很好的描述与表达。如俄国的浪漫主义作品，一些作品表现“刚”的成分要多一些，例如柴可夫斯基的 *The Cherubic Hymn*，合唱团唱此类作品要做到雄劲刚健的风格，自然而恰如其分地表达刚毅的感觉；而抒情性的作品，“柔”的成分自然要占上风，例如法国圣-桑的 *Calme des nuits*，合唱团在演唱这首歌曲的时候，声音要做到甜美通透，呈现出梦境一般的氛围，温软清新。由此可看出，音乐情绪不断变化的过程中，音乐的色调也同时随之变化。同样，音色在音乐情绪变化的同时，也在发生着变化。合唱团在表达欢快活泼的情绪时，音色则会显得比较明亮；反之，音乐在表达忧郁的情绪时，音色则随之走向暗淡。

音乐风格在音乐历史的每个时期都不尽相同。浪漫主义音乐是古典主义音乐的延续和发展，是欧洲音乐史中的一种音乐风格和一个时代。浪漫主义风格的音乐注重情感和内容的表达，打破了古典主义音乐时期的种种形式上的束缚。浪漫主义音乐抛弃了古典音乐的以旋律为主的统一性，强调多样性，发展和声的作用，对人物性格的特殊品质进行刻画，更多地运用了转调手法和半音。风格是使艺术作品得以生存的一个很重要的因素。假如合唱音乐中的基本情绪决定了一部合唱作品的基本格调，那么合唱音乐中的风格体系则决定了同样基本格调的不同类型。风格实际上是将作品的基本情绪的内容具体化、形式化了。因为它一方面体现了形式手段的内容，另一方面又赋予了情绪类型以具体的内容。浪漫派合唱作品虽然都是浪漫派同一时期作品，但是很多作品的风格差异是很大的。例如法国圣-桑的 *Calme des nuits* 和福列的 *Les djinns* 这两首作品风格的差异特别大，一个很安静、唯美，另一个很诙谐；一个作品中的和弦是很协和的，而另一个作品用了很多不协和的和弦。所以虽然同是浪漫派的作曲家，写出来的作品风格也有很多是不同的，也正是有这些不同的风格的作品，才使得浪漫派合唱有那么多好听的作品。

为浪漫派合唱作品着色，要站在一个宏观的角度对合唱作品进行分析。把握好合唱作品的整体才能进一步对作品中各乐汇、乐句、乐段的活动动态与地位合理安排，从而构成主次分明，强弱、高低、浓淡明晰的合唱音乐。只有通过整体分析设计的色调，才能符合合唱作品的创作意图。

在合唱团日常训练浪漫派合唱中，掌握色调的分寸是件非常细致而微妙的事。作为合唱队的灵魂——指挥，以及合唱的主体——合唱队员，都必须掌握和控制自己，通过恰如其分地运用色调来进行作品的艺术再现。较完美、和谐的演唱技巧只为表现音乐创造必要的条件。要使音乐作品的表现有血有肉、有灵魂，就必须充分认识和理解色调对音乐作品表达的意义，精心为每一首作品着色。为了能够准确地把握作品的内涵，指挥及合唱团员都应深入了解音乐各历史时期不同的风格特征，研读不同作曲家的作品。在为具体作品着色时，从乐汇开始着手，对合唱作品本身做极为细致的合理安排和客观分析，理性但又不乏感性的抒发，完美地寻找合理的色调。缺乏经验或准备不足，往往可能不是夸张过度，就是表现不足。有时在没有达到高潮之前已将所有的手法及音量都用尽了，形成了喧宾夺主的局面，或者相反，只是机械地运用强与弱，音乐没有动力和生气。以上这两种情况在色调的处理上都是应该避免的。

初探多媒体在小学数学教学中的开展策略

周丹丹

随着教育信息化改革,将信息技术应用于小学数学教学日益受到重视。在小学数学课堂上,多媒体课件凭借优良的画质音效和动态效果,能够营造出轻松浓郁的数学氛围,更好地激发孩子的数学激情和学习动力。在多媒体课件的应用过程中,教师要注重课件紧密结合教材,将抽象数学问题具体化,帮助学生理解和掌握数学知识点。通过调动小学生的多种感官,使他们保持良好的学习状态,有利于数学素养的提高和数学概念的理解。

一、前言

信息技术生动形象的特点非常适合于理论抽象的数学课,将课程内容由抽象到具体,由理论细化为实践,大大降低了小学生学习数学的理解难度和认知困难。利用好各种图片和动画能够帮助小学生加强关键知识点的理解和记忆,丰富教学内容和能够突出数学课重点,帮助小学生更好地掌握课程主题。同时,多媒体课件能够有效完成课程主题引导、促进师生课堂互动,活跃课堂气氛。

二、信息技术教学的意义

1. 强化感知,降低理解难度

受限于年龄较小和知识水平较浅,小学生喜欢通过直接感受的方法来认识事物,抽象思维和空间想象能力较弱,遇到一些较为复杂的数学模型时难以理解。

例如在学习两位数减一位数的退位减法时，当两位数的个位小于一位数时，许多学生不知道怎么借位。于是，我设计了一组互动性很强的动画，在动画里，一只小熊在移动小木棒，木棒的个数就是两位数，其中十个木棒为一捆。小熊移动木棒的过程即是模拟减法的实现，但小熊要移动八根木棒组成另外一堆木棒时，原来的木棒堆只有两根零散的木棒，这时小熊必须解开一捆捆好的木棒，这就深刻体现了减法中借位的概念和内涵。看着小熊欢快地移动着木棒，配上适当的背景音乐，学生很快就理解了借位减法的精髓。

2. 提高课堂教学效率

采用多媒体课件教学，教师能够有效节省更多的课堂时间用于讲解知识点和答疑解惑，不用花太多的时间来绘图或演算。在相同的课堂时间里，能够加大教学密度，提高课堂教学效率。教师能够把数学问题和实际生活紧密联系，通过信息技术直观演示，帮助学生更加深刻地理解题意。

三、信息技术教学开展策略

1. 化繁为简，抽象的知识具体化

采用多媒体课件教学，教师能够将小学数学课堂中各种抽象概念转换为生动形象具体的实物模型，不仅能够帮助学生更好地理解并掌握，还能有效活跃课堂学习气氛，提高小学生学习数学的积极性。

比如在讲解“圆柱和圆锥”时，虽然常规的教学方式也能够清晰地展现圆柱和圆锥的几何形态和区别，但学生难以理解这两种形状的形成过程。大部分同学只是知道圆锥形状更加尖一些，相同的高度和底面积下的体积也要小些。即使教师用各种教具来模拟圆柱和圆锥的形成过程，学生也看得不够清楚，理解不同形状的旋转概念也比较困难。我采用导入长方形和直角三角形分别绕旋转轴旋转一圈的动画的方式，以生动形象的动画效果抓住小学生们的视觉焦点，激发他们的学习兴趣。

2. 情境创设,营造良好学习气氛

小学数学课上,良好的数学学习氛围是提高小学生热爱数学的关键。多媒体课件丰富的色彩画面和多姿多彩的声音背景,能够营造出浓郁的数学氛围,有效地激发小学生的数学情感和学习积极性。在开始主题课前,如果能够将教学主题融入多媒体课件中,充分利用多媒体课件的声像优势,在引导学生完成课程预习的同时,也能够充分调动他们的学习积极性。

在讲授“分数的概念”这节课时,如果采用传统的教学方法来介绍数字和加减乘除,难以营造出活跃的数学气氛,学生听起来也枯燥无味。提到分数,我自然而然地想到了分配,学生耳熟能详的《西游记》里就有一大群猴子分桃子吃的故事。于是,我从本节课开始,给学生播放了一部一群猴子分食一堆桃子的动画片。假如桃子的总数是 30 个,猴子有 15 只,其中猴王 1 只,它吃得最多,拿走了 6 个桃子,5 只母猴每只吃 3 个,剩下的幼猴都只分到 1 个桃子。学生看猴子吃桃子看得津津有味,同时也为幼猴只能吃 1 个桃子而感到不公平。就在学生还在讨论为什么每只猴子吃到的桃子数量差别很大的原因时,我把握时机,适时地导入了分数的概念,告诉他们猴王是一个猴群的领袖,所以它吃的桃子最多,但是它也只是吃了一小部分的桃子。它吃的桃子越多,桃堆里的桃子数量越少,那么它吃掉太多桃子的变化程度就越大。反映这种程度的数即为分数,是用猴王吃掉的桃子的数量除以桃堆总数得到的。刚才还在为幼猴感到不公平的学生就可以通过计算幼猴吃桃子的分数来直观感受,纷纷开始翻书了解分数的概念,课堂气氛非常热烈。良好的开端是成功的一半,趁着学生趣味盎然,思维处于主动积极探索的状态下,适时地引入教学主题,营造出了和教学主题相匹配的课堂气氛,取得了良好的教学效果。

3. 平衡故事和知识点的关系

多媒体课件以生动形象的故事或动画来激发学生的学习兴趣或营造学习气氛,但要把握好故事和教材知识点的平衡关系,时刻注意课件是为完成教学目标而服务的。教材中的每一个知识点都具有深刻的教学用意,需要教师引导学生去揣摩领会。因此,教师在制作多媒体课件时,要寻找到一个比较好的临界点,既要充分发挥多媒体课件生动形象的优势，又不能偏离教材主题太远。否则，学生看了一堂教材的信息技术课，听了一个美妙的故事，却完全把握不住学了什么知识点，可谓是得不偿失，背离了教学主旨。

在信息技术教学过程中，教师还要遵循协调发展原则，不能让信息技术教学替代教师对学生的引导，教师要始终掌握课堂的主导权。多媒体课件只是一个教学辅助手段，要想学生真正地学好数学，教师深入浅出、循循善诱的讲解必不可少。同时，多媒体课件不仅仅要重视课程知识的展示，而且需要强调数学应用能力的培养，加入部分探索性质的问题，实现学生理论知识和应用能力的协调发展。

在小学数学教学中，多媒体课件能够充分发挥生动形象、有效活跃学习氛围的优点，帮助学生更好地理解数学问题和掌握相应知识点，训练数学思维。除此之外，教师还应坚持教材为主，信息技术为辅，做到讲课与信息技术教学协调发展，将教学效率发挥到最佳。

小议如何培养小学生的英语兴趣

傅 帅

最近通过对近2000位小学生的调查,发现约有70%的学生都不喜欢学习英语,对英语缺乏兴趣,其中有一部分学生学习英语是被家长强制安排的。是什么原因导致小学生不喜欢学习英语呢?每当问小学生此问题的时候,他们回答大都一致——英语课太枯燥乏味了。那么如何提高小学生学习英语的兴趣成为英语教师当下的重任,以下几点是教师教学时值得注意的地方:

一、语言环境至关重要

我们的母语是汉语,学生所接触的语言大多也是汉语,如果想让学生学好英语,教师则要尽量多地让学生接触英语和使用英语,把英语作为外语而不是第二语言来教授。丹麦语言学家叶斯帕森说:"学外语就像学游泳一样,学生必须潜在水中,而不是偶尔沾沾水;学生必须泡在水里并感到自由自在。这样,他才能够像一个熟练的游泳者那样乐在其中。"英语课堂就应该是一个大的游泳池,教师应尽可能地用全英文进行教学,对于新教的单词,如果学生不明白其含义,可以用body language(肢体语言)来进一步解释。例如在教授一些动作短语如listen to the tape、be quiet、walk slowly、run quickly等的时候,肢体语言就很好地诠释了这些短语的意思,并且学生在学的同时也乐于边说边做这些动作。在英语课堂中,不仅教师要尽量多地运用英语,学生也应当尽可能多地用英语来表达他们的想法。刚开始学生可能不太适应,但是学生用英语去思考的习惯一旦养成,则对其以后的英语学习有极大的帮助。

二、教学媒体现代化

小学生年龄小，有意注意的时间短，教师可以通过各种各样的教学媒体使课堂更加生动，激发学生的学习兴趣。实物、图片、简笔画，几乎每堂课都少不了。英语教师要善于将生活中学生看得到、摸得着、熟悉的物品带进课堂，让课堂散发生活的气息，让学生感受到学了就能用，他们就会越学越带劲。如在讲 Food（食物）这个单元的时候，我带了糖、盐、醋、酱油等一系列食物，让学生走上讲台通过看、尝、闻来直观地认识了这些词。学生的积极性一下被调动起来，争先恐后地要求亲身体验，他们在学习这些词的同时也进一步地认识了这些词。当然除了借助实物，我们也可以通过卡片来达到我们想要的效果，如在学习家庭成员的单词时，可以预先准备好各个学生家庭的照片，上课时把它们拿出来，马上就把学生的注意力吸引过来了，学生的思维随之活跃起来，进而积极参加语言实践活动。通过课堂上的直观教具，我们不仅锻炼了学生的视听说能力，还训练了他们的口语表达能力，同时也使他们对所学内容的印象更深刻，不易遗忘，将它们与实际结合起来。

三、教学方式多样化

小学生好奇、好乐、好胜、好玩，对此，上课时可以采取以下教学形式：

1. 小组竞赛

在英语课堂教学中增加比赛的项目，对于小学生来说，也能大大增强他们的学习兴趣。小学生的自尊心强，有团队意识，渴望表现自己并得到老师和同学的肯定，所以说在课堂上进行比赛的方式能够激发学生的学习兴趣。教师可以以积分制来实施，每节课表现最好的小组获得小红星一枚。如在单词教学时我设计了“看谁反应快”的游戏，由我或另外一个学生说单词，由两个学生比赛，看谁先指出相应的物品或说出词语的意义，慢者则失去继续比赛的资格。竞赛促进了学生迎接挑战、承受挫折、勇于战胜困难的良好品质。

2. 歌曲营造氛围

上课的一开始，有很多学生的注意力还在上节课堂上，如何引起学生的注意呢？建议用欢快的英文歌曲来唤起学生的注意，提醒他们英语课就要开始了。并且播放与课文内容有关的歌曲，也可以让学生复习巩固所学的内容。当课上到一大半，学生的注意力下降的时候，也可以播放歌曲，大家学得很来劲，也很喜欢学，这样不仅仅教师完成了教学任务，学生学习了本堂课的内容，而且还可使大脑得到休息，也为下半节课的学习创设了轻松的氛围，提高了学生的学习兴趣。

3. 游戏

小学生的自控能力不高，一堂课如果都是教师在说、学生在听，效果肯定不好。将游戏贯穿到教学当中，可以提高小学生学习英语的兴趣，容易解决教学中的重点、难点，顺利完成教学任务。记得我在讲 shopping（购物）的时候，我就设计了一个"购物游戏"，事先我准备了一些 rice（大米）、apple（苹果）、meat（肉）等图片和实物，又准备了各种面值的纸币，在模型下边贴好价格标签，然后叫两名同学上前边来分别扮演售货员和顾客，在"买卖"这个过程中，学生一定要用所学的英语句型来完成。游戏结束后，大家都很开心。通过游戏，学生既轻松愉快地接受了新知识，也完成了教学任务。

4. 教学评价的多元化

皮格马利翁效应及教学实践证明，教学中教师的肯定性评价语，对学生学习的进步、兴趣的提高能起到较好的激励作用。作为一名教师，不能只关注学生的成绩，更不能以学生成绩的好坏来判断这个学生是否聪明。教师要善于在日常生活中发现学生的优点，了解学生的长处，并给予他们真诚的赞美。尤其是小学阶段的学生，对于大多数学生来说，一旦他们得到老师真诚的赞美，就会产生积极向上的力量。学生字写得漂亮可以说"nice handwriting"，学生努力勤奋可以说"hard working"……他们都非常有表现欲，获得的表扬、赞美越多，他们就更加希望自己做得更好，那么他们的一些行为习惯，或是思想表现、知识水平就会越来越接近教师对他们的期望值。总而言之，一个不会赞美的教师是不受学生喜欢的。

5. 课后作业的新颖性

目前,有些教师很不注重作业的布置,只是简单地让学生抄写几十遍单词、背诵课文,简单乏味,学生毫无兴趣,并且对新知识的掌握也不好。新课标倡导学生自主、合作、探究性学习。教师可以根据不同的课文内容来布置作业,例如在上到“traveling(旅行)”这一课,课后可以让学生做一位小记者采访他的家人:Where did you go? When did you go? How did you go there? 制作一个表格,这样既使学生复习了新知识,也锻炼了口语。

总之,英语学习,兴趣为先。皮亚杰认为:“儿童是个有主动性的人,他的活动受兴趣和需要的支配,强迫工作是违反心理学原则的,一切有成效的活动须以某种兴趣作为先决条件。”作为教师,我们要在教学实践中不断摸索、探讨,为学生的发展创设一个相对宽松的良好“乐”坊。

合肥市西园新村小学北校

浅析科学课导入应为科学探究做好铺垫

——由《探究尺子的音高变化》同课异构引发的思考

王建民

小学科学新课标指出:本学科课程的组织与教学要兼顾知识、社会、学生三者的需求,将学习内容嵌入学生喜闻乐见的科学主题中,创设愉快的教学氛围,保护学生的好奇心和求知欲,激发学生学习科学的兴趣,积累生活经验,增强课程的意义性和趣味性。教学导入作为课堂教学的重要组成部分,是每节课落实这一课程理念的第一步。

本人有幸聆听了三位科学教师执教的《探究尺子的音高变化》一课。此文从教学导入入手,根据同课异构的教学案例,重点阐述这样一个观点:科学课导入应为科学探究做好铺垫。

一、《探究尺子的音高变化》课程介绍

1. 课程内容

《探究尺子的音高变化》是四年级《声音》单元的第四课。通过《声音》单元的学习,学生将理解、掌握关于声音的产生和传播、振动的频率与音高、振幅与音量的关系等基本知识点。根据课程安排,本单元第 1 课,学生将用不同型号的音叉制造出声音,并讨论他们听到的声音的异同;第 2 课,学生探索了由不同物体振动发出的声音后,便对声音是由振动产生的这一概念有了初步的理解;第 3 课和第 4 课,集中探讨声音的两个基本属性——音量、音高的产生和变化。通过改变尺子振动部分的长度,使振动的频率发生变化。学生在仔细观察尺子振动快

慢变化的同时,可以听到音高的相应变化。讨论尺子振动部分的长度、观察到的振动和相应音高的关系,可以建立较高的音高是由较高的振动频率产生的这一概念。

2. 教学目标

(1)科学概念:尺子振动的频率受尺子延伸到桌子外那部分的长度的影响。这部分的长度会引起音高的变化:越长音高越低,越短音高越高。

(2)过程与方法:探索和描述尺子伸出桌外不同长度在振动时发出的声音的变化情况,通过柱状图的分析,将尺子不同长度的振动与其声音联系起来。

(3)情感、态度、价值观:养成勤于观察、乐于动脑的习惯。

教学重点:尺子振动的频率受尺子延伸到桌子外那部分的长度的影响。这部分的长度会引起音高的变化:越长音高越低,越短音高越高。

教学难点:实验中,克服尺子因振动敲击桌面发出的声音。

二、《探究尺子的音高变化》课程的三种导入方法

本人细细品味三位科学老师执教的《探究尺子的音高变化》一课,值得肯定的是每位老师都做了精心备课、认真准备,重视引导学生在探究中理解科学概念。肯定的同时,我也发现三节课呈现了一些问题,值得一线科学教师今后注意。我们先一起走进课堂,感受这三节课的导入。

1. A 执教者:视频导入法

导入方法:执教者播放视频,由锯琴演奏的一段乐曲,让学生边看边听边思考,一块钢板为什么能敲击出如此美妙的声音?

课堂反应:学生看后没有回答出原因,教室里沉寂了片刻。教师随即介绍这块钢板是锯琴。因锯子呈三角形,各部分宽度不同,造成声音高低不同。随即进入探究尺子发出不同音高的实验环节。

2. B 执教者:实验导入法

导入方法:执教者手持钢片琴当场敲击了三种不同音高的声音,让学生听一听它们有什么不同。

课堂反应:学生普遍回答,一个声音脆,一个声音低沉,一个声音响亮。随即教师出示本课课题《探究尺子的音高变化》。

3. C执教者:音频导入法

导入方法:执教者播放音频小提琴《梁祝》和大提琴《牧歌》片段,让学生边听边思考,两首乐曲音高有什么不同?

课堂反应:学生很容易地说出《梁祝》的音高、《牧歌》的音低。随即教师提出:音高的高与低与什么有关呢?

三、解析《探究尺子的音高变化》三种导入设计

良好的导入能吸引学生的注意力,激发学生的学习兴趣,为一节优秀的课奠定良好基础。课堂教学导入的方法有很多种,如开门见山直接进入主题研究的,故事情境创设激发学生兴趣进入主题研究的,设置悬念引发学生好奇心求知欲的……那么,比较这三节课的导入设计与课堂教学效果,我们不难发现C执教者的设计要优于另外两位。

从设计上看,三位执教者都在课堂导入环节下了功夫,他们力求在这一环节抓住学生的注意力,引导学生关注音高变化,激发学生探究音高变化原因的积极性,同时也意在激发学生学习的兴趣。但从教学效果上看(即学生回答层面),三位执教者在导入设问上,或多或少都存在没有为科学探究主题做好铺垫的准备。具体分析如下:

1. 导入问题过难,学生难以进入科学探究状态

A执教者的问题设计明显过难。我们从学生静默的状态中,看到的是一种对接下来科学探究的迷茫。

按照A执教者的问题"一块钢板为什么能敲击出如此美妙的声音",我们可以试想:学生可以从演奏者演奏锯琴技巧上说,可以从乐曲本身创作上说,也可以从音乐的旋律优美上说,等等。再根据学生实际水平,四年级的学生很难从这些角度去思考问题,所以,课堂上呈现了一片寂静。

这寂静表明:此问题的设计对创设愉快的教学氛围、引导学生主动探究等方

面都产生了负面的影响,不利于保护小学生对周围世界的强烈好奇心和求知欲。

从整体教学效果上看,它没有给学生接下来的科学探究指明方向。

该问题也并非人们常说的设疑导入法。设疑导入是提出问题而导入新课的方式。教师根据授课的主题内容,提出问题,设置悬念,引起惊奇,激发兴趣,引出新课。这样可以使学生觉得问题所在,提高注意力,开动脑筋,引入积极思维的状态,为学习新知识做好准备。

例如《探究尺子的音高变化》导入环节这样设计:上课前,教师与学生一起复习前几课内容。接下来教师出示一把尺子,做一次让尺子振动产生一种声音的演示,请学生看演示,听声音。然后教师提出本课研究的核心问题:“如果我们不断地改变尺子伸出桌面的长度,它振动时发出声音的音高会发生变化吗?”(接下去,师生通过实验设计、猜测、实验、教师讲解、阅读补充资料等展开教学活动。)

又例如《我们是怎样听到声音的》一课的导入环节设计。教师上课伊始,出示耳朵的结构模型。教师说:“同学们,声音传播到我们的耳朵,那么,耳朵是怎样听到声音的呢?这节课,就让我们共同来研究这一问题。”(接下去,师生通过实验设计、猜测、实验、教师讲解、阅读补充资料等展开教学活动。)

以上两个导入设计则为设疑导入。其设计的问题促进了学生的思维发散,调动了学生的注意力,激发了学生学习的主动性,为探究做了思想上的铺垫。

2. 导入设计应紧扣研究主题,为探究做好科学的铺垫

再次研究本课的科学概念、过程与方法,我们得知该课有三个至关重要的概念需要学生进一步掌握并运用,从而探究声音的基本属性之一——音高的变化。它们是振动、振动的频率和音高。

再次回顾本课背景,我们得知,本节课是建立在前三节的基础上进行研究的。

从课题和教学目标及内容上,我们不难发现,通过改变尺子的长度探索音高变化的本质是本课探究的重点。因此,对音高变化(即高、较高、较低、低)的准确判断与表述,应在探究开始之前,作为温故而知新的内容设计进导入部分。唯有准确地判断与表述,才会为学生在探究中辨析、记录、分析等环节奠定基础。

A 执教者的导入设计令学生默默无语。同时,我们也可看出,“一块钢板为什么能敲击出如此美妙的声音”的问题没有以本课题“探索尺子的音高变化”为切入点去思考,去设计。导入环节的问题设计偏离了主题。学生无法从“是音高的变化而产生如此美妙的声音”的角度去回答该问题。因而,这一导入设计不能为本课的探究做好科学概念或探究方法的铺垫作用。

B 执教者的设问,从学生的回答,我们可以看出,他们对前几课的学习内容没有掌握,答非所问。

A 和 B 执教者的学生在回答导入设问时,都没有起到导入为主题研究做好铺垫的作用。因此,在接下来的探究活动中,教师不得不将音高的变化表述,由自己或重新请学生回答。从课堂效果上说,教学的流畅性受到了一些影响。

那么,A 和 B 执教者的设问,如何修改呢?建议如下:

A 执教者:(播放视频)听,如此美妙的锯琴乐声,你们听出它们音高有什么变化吗?(参考答案:学生可以回答,有时音高高,有时音高较低,有时音高较高,有时音高低)接下来教师出示一把尺子,做一次让尺子振动产生一种声音的演示,请学生看演示,听声音。然后教师提出本课研究的核心问题:“如果我们不断地改变尺子伸出桌面的长度,它振动时发出声音的音高会发生变化吗?”

B 执教者:(手持钢片琴当场敲击出四种不同音高的声音)同学们听一听它们的音高有什么不同?(参考答案:学生如果回答不够准确,可引导学生说出音高高、音高较高、音高较低、音高低)接下来教师出示一把尺子,做一次让尺子振动产生一种声音的演示,请学生看演示,听声音。然后教师提出本课研究的核心问题:“如果我们不断地改变尺子伸出桌面的长度,它振动时发出声音的音高会发生变化吗?”

这样的修改旨在,为对音高的表述和实验操作中的难点(即克服尺子因振动敲击桌面发出声音)做铺垫。

3. 导入设计可将科学探究与人文素养结合,提升探究的意义

我们再来看看 C 执教者的导入设问(播放音频,小提琴《梁祝》和大提琴《牧歌》片段,让学生边听边思考,这两首乐曲音高有什么不同?),虽根据学生的回

答，该设问优于 A 和 B，但根据学生关于音高的表述，我们能清晰地发现，它是由若干个不同音高的声音比较后产生的。因此，细细品读导入的设问，以及欣赏《梁祝》《牧歌》选段，我们应能发现，其实，每一选段都是由若干不同音高的声音（即乐音）组成的。再根据本课探究的主题，教学重点则是尺子振动的频率受尺子延伸到桌子外那部分的长度的影响。这部分的长度会引起音高的变化：越长音高越低，越短音高越高。所以，不宜设计成比较两个音乐片段，而是应对某一乐曲中不同声音（乐音）的音高感受进行对比。

根据以上分析，建议教学导入修改如下：

C 执教者：（播放音频，小提琴《梁祝》或大提琴《牧歌》片段）同学们边听边思考，在乐曲中音高有什么变化？你感受到了什么？（参考答案：学生可以回答，有时音高高，有时音高较低，有时音高较高，有时音高低，我感受到了……）创设这样的教学氛围，让辨析音高更容易些，为接下来的探究铺平道路。同时，意在将探究音高的变化与乐曲中情感的变化相联系，让科学探究与人文素养相结合。

同课异构的观课与分析，让我更深刻体会到面对多种多样的课堂导入方法，我们要灵活使用。针对科学课，我们更要清晰地认识到，科学课的学习是需要在探究的过程中进行的，它不仅是学法，也是教法。因而，我们在设计课堂教学导入时，必须注意以下几点：把握科学学科特点（科学性、探究性），考虑学生的知识水平，分析教学内容及目标。

总之，良好的科学课导入教学设计必须为科学探究所需的科学概念或探究方法做好一定的铺垫，它将在有效提高科学课堂教学效果中起到至关重要的作用。

小学数学教学应“洗尽铅华呈素姿”

王大圣

单从理论角度来看,数学课程改革走到今天已经呈现了良好的态势,尤其是《义务教育数学课程标准》的颁布,让我们看到了数学课程改革的日臻完善。如果从具体操作层面来看,大多一线教师已经习惯性地把课堂有限的精力放在了情境创设、小组合作、自主探究等有利于培养学生终身学习能力的事情上来。笔者在对自己执教的数学课以及其他同事的数学公开课(包括专家的示范研讨课)进行反思时,常会思考这样的问题:这节课学生学到了什么?我们给学生带去了什么有价值的数学知识?即教学效果的问题。如今,在一些教育期刊上我们看到了有很多重申“高效课堂”的言论,如同多年前我们提出的“向40分钟课堂要质量”的口号一样。事实上,我们已经开始思考课改之后的教学效果问题,而不仅仅是教学过程的华丽转身。怎样的数学课堂是高效的?我认为数学课堂必须是“数学的”,必须承载有价值的思考,必须呈现潜心研究的姿态,必须具有浓浓的数学味,而要做到这些,归根结底一句话——数学教学应“洗尽铅华呈素姿”!

一、情境创设应凸显数学问题

在数学教学中创设情境导入新课已然成为数学课堂教学开篇统一套路。教师注重创设数学情境来拉开学习活动的序幕,学生在情境中学得形象、学得有趣,表现积极轻松,场面一片热闹。但是,在创设情境的过程中也存在一些认识上的偏差,主要表现在所创设的教学情境偏离了数学本体知识,过于关注趣味性而忽视数学性，过于关注创设教学情境本身，而忽视“去情境化”之后的数学应用等问题。我们都知道，数学教学情境不同于一般的生活情境，它是一种素材，为学生呈现数学信息；它是一种模拟情境，将数学知识运用到生活场景中；它是一种催化剂，激发学生去思考；它是一种手段，使学生获得抽象概括的一般化数学知识和思维方法。有效的教学情境应该具有趣味性，旨在激发学生探究的欲望。有效的教学情境应该具有生活性，让学生从生活中出发，习得方法后再回归生活解决一些实际问题。有效的教学情境还应具有挑战性，尤其是对于高年级的学生，情境创设最好处于大多数学生的最近发展区，让他们不断发挥主观能动性，使得数学课堂满含思维的因子。总之，在创设数学教学情境时，我们要尽量凸显数学问题，厘清数学与生活的关系，将情境作为学生数学学习的起点，更要将情境视为学生学习数学的依归！

二、当心走入“去数学化”的误区

早在 2005 年，张奠宙教授就提出数学教学要防止“去数学化”。研究数学的人无奈地喊出数学教学要“把根留住”！数学的教学不在于外表与形式，而是在于其实质上的教学效益。教学手段必须为教学内容、教学目标服务。“数学课堂教学的优劣，自然应该以学生是否能学好数学为依归”。我们不能为了“形”的好看而忽视了课堂教学“质”的提高，出现了“去数学化”，这种倾向将会危及数学教育的生命。日本著名教育家米山国藏曾说：“学生在学校学的数学知识，毕业后若没什么机会去用，很快就忘掉了。然而，不管他们将来从事什么工作，唯有深深铭刻在心中的数学精神、数学的思维方法、研究方法、推理方法和看问题的着眼点，却随时随地发生作用，使他们终身受益。”数学教学终究要培养学生数学的思考方式和解决问题的能力，不在于对教学过程的修饰，更不在于数学本身的异化。走进今天的数学课堂，不难看到我们的数学课披着课改的“新衣服”堂而皇之地变成了数学活动课。课堂充斥着简单的操作、表面的合作和随意的讨论，总有几个“主角”领衔着课堂上的表演，他们剥夺了更多学生积极发言的机会，代替了很多学生静心思考。

三、重视“双基”不为落伍

众所周知，“双基”训练是我国传统数学教学的精华，它是形成和发展学生基本数学素养的基石。但随着新课程改革的推进，数学教学中的“双基”训练逐渐被淡化。在教学中，尤其是在公开教学中重视“双基”训练甚至被视为落伍。似乎数学课少了合作学习，学生就不能探究；少了课件演示，教学就无从信息化；少了情境创设，学生的学习就会脱离生活，甚至背离实际；少了操作活动，就意味着学生无法体验和经历，等等。今天，我们有幸看到了《义务教育数学课程标准》中，在“双基”的基础上进一步提出了发展“四基”，即基础知识、基本技能、基本思想和基本活动经验。“四基”与数学素养的培养进行了整合，基础知识、基本技能仍旧是数学教育的核心要素。当然，重视“双基”并不意味着大量重复的机械训练，我们可以精选一些具有代表性的数学问题作为模型。例如，对于分数应用题的教学，我们可以从单位“1”入手，帮助学生建立基本数学问题模型，促进学生对解题方法的掌握。笔者认为，对计算方法的掌握离不开必要的反复训练。现代心理学表明，方法的习得离不开必要的机械重复，它可以使学生更为熟练地掌握运算方法。我们都知道，小学阶段的小数乘除法一直是学生计算的“软肋”。我在自己的班级中做过这样的试验，在发现有些学生自认为已在课堂上弄清了算理，掌握了方法，做作业经常使用计算器来直接获得答案时，我并没有直接干预，等到了考试或者要求写出计算过程的练习时，很明显地发现这些学生出错的概率很高，造成这样后果的原因不言而喻。

四、走出“三无”现象

在笔者听过的数学课中，经常存在以下现象：无数学书，课堂上学生始终没有打开数学书，有的甚至一上课教师就要求“同学们，请把书合上……”；无板书，课堂上多媒体呈现有声有色，许多重要的解题过程和概念一闪而过，黑板上却空无一字；无作业，但凡是公开教学，教师注重的是探究过程，课堂容量偏大，直到结课也没有布置适当的作业。作为传统教学方法的看书、板书和作业，在课改浪潮中就这样被淘汰了。任何学习都是学习者自主建构的过程，在这个过程中离不开学习者和文本之间的交互作用。教学目标的达成光靠眼睛和耳朵是远远不够的，练习是思维过程的外化，也是检验学生思维活动正确与否的重要形式。教师板书比之课件的一闪而过，有着很强的示范作用，更能显示数学知识的发生、发展过程和思维的演变程序。特别是计算课的教学，没有教师的板书示范，没有一定数量的当堂练习，很容易造成“夹生饭”，教学效果更是无从谈起。走出“三无”现象，让数学课堂远离浮躁，多一些真诚，多一些实效，是回归数学本真的必由之路。

随着课程改革的不断深入，广大教师应更多地去审视教学、变革教学、创新教学。在具体实施过程中，认识存在偏差，导致教学行为走样，教学偏离正确方向。很多数学教师想放手不敢放手，明明该重视的又不敢重视，诸如，不敢重视概念教学，从而忽视了学生对数学本质的理解，不敢重视解题的基本思想和方法的归纳，不敢在课堂上暴露学生的错误，不敢进行必要的数学知识讲解……在一些所谓精彩的数学课堂上，教师使用教材随心所欲，教学活动崇尚花样翻新，运用教学媒体舍易求难，过于追求外在形式的变化，没能很好地把握数学教学的本质要求，由此冲淡了数学教学的趣味性，削弱了数学思想方法的渗透，降低了课堂教学的时效性。

总之，数学课堂教学理应从数学的本质出发，走向简约，不断凸显数学自身的魅力。

浅谈交互式电子白板下小学数学课堂教学

刘　佳

交互式电子白板进入教学领域后，对小学数学课堂效率的提高起到了重要的作用。本文从笔者的实际教学经验出发，就交互式电子白板在小学数学课堂教学中的应用和如何更好地提高教学效率，谈一谈自身的体会。

交互式电子白板具有诸多优势，如具有强大的资源功能、记录功能和特效功能等。这些在激发学生学习兴趣、帮助学生掌握重难点、提高课堂练习效果和拓宽学生知识面等方面都发挥了很好的作用。

一、将死板变得生动，激发了学生的学习兴趣

传统的课堂中，从最先的"黑板＋模型"的模式，到应用计算机、投影、课件等媒体辅助教学，教学中一般是按照教师的既定设计按部就班地进行，课件是固定的，老师和学生都在跟着课件走，容易让学生失去兴趣。交互式电子白板的优势正好弥补了这个漏洞，其自带的分类清晰、容量巨大的资源库，不但内容丰富，而且内容可以根据实际需要任意添加或删减，为数学教学提供更多的素材。教师可以将教学内容与电子白板紧密结合，使得课堂变得灵动起来。

如《认识角》这一课，在导入新课，"今天我们一起来认识它——角"后，指着图中的角，很直接地告诉学生这就是"角"。

接着用电子笔现场演示一个角，"从这个尖尖的点出发，由两条射线组成的图形就是角"。直观的现场演示给学生一个清晰的认知。然后，利用交互式电子

白板的交互性和生成性，让学生自主上台在主题图中找角，并及时把角进行标注。

接下来，教师点击白板，删除主题图，白板中只呈现出学生找到的各种角，有大的，有小的，有方向不同的，教师借助电子白板，从实物中抽象出角，建立起角的概念。

在学习过程中，学生更喜欢自主上台操作，教师也可以帮助学生及时调整、修改，满足了从“犯错”到“自主纠错”的学习过程的需要。同时，学生的知识结构、智力水平、思维方式等有着差异，一些独特的思路可能在“备课”之外，教师可以兼顾学情的差异，利用电子白板教学得到补充。这种活动不仅调动了学生学习数学的兴趣，还帮助学生加深对角的认识。

二、将抽象变得具体，有效解决教学重难点

小学数学主要是学习“数”和“形”，对学生的逻辑思维能力和空间想象能力要求较高。交互式电子白板的运用，对枯燥、抽象的数学概念进行生动、具体的演示讲解，利于学生理解和掌握。

比如在平移、旋转的教授中，教师通过拉幕遮罩功能，让学生比较两种图形移动的特点，让学生在各抒己见中，思想进行碰撞，从而互相学习，学会思考。

教师可以利用电子白板的拖拽、插入和无限克隆功能，画出一个三角形，并绕着一个顶点进行顺时针 90 度旋转，再请两位同学用协同继续方式依次把图形旋转两次，最后得出一个风车形状。让学生在实际操作中感受到图形旋转始终绕着一个点在移动，不断总结出旋转的特点。另外，利用魔术笔的聚光灯功能可以突出重点讲解的部分，有利于让学生的注意力集中起来。

这样逐层深入、循序渐进的知识学习结合学生动手操作，加强对概念的感性认知，并向理性思维升华，在生动活泼的教学中很好地讲解了重难点内容，解决了教学中比较抽象不容易被学生理解的问题。

三、将枯燥变得有趣，提高了课堂练习的效果

有效的课堂练习可以让学生把习得的知识转化为能力并发展智力。传统的

课堂练习形式单一且无趣，利用电子白板可以进行不同形式的练习，调动学生的不同感官参与学习，如选择、游戏、填充、拼图等形式。

如在《认识平均分》的练习中，教师可以设计一个“火眼金睛”游戏，先让学生找出哪种是平均分，再鼓励学生把不是平均分的水果进行添加或删除，使之成为平均分。

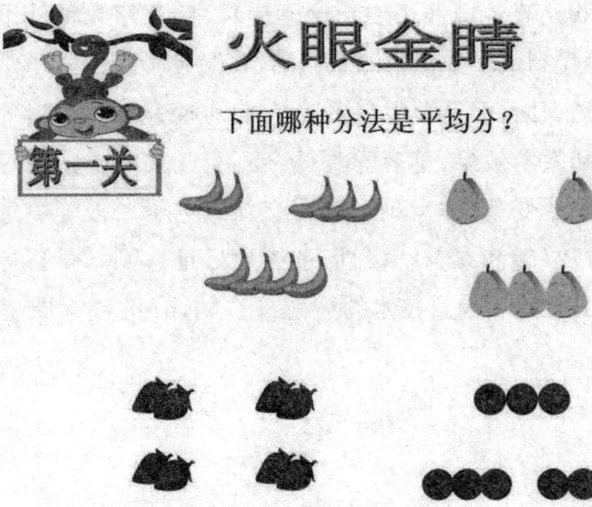

“火眼金睛”游戏界面

学生在“火眼金睛”游戏中的任何操作，电子白板的记录功能都可以实现拍照、回放和保存的功能。这些功能可以把学生有代表性的正确或错误解答过程进行拍摄、保存、展示。在课堂的即时生成资源的利用使得学生及时温故知新，提高了学习效率。

四、将单点变得网状，知识在互联网的交互中得到拓展

电子白板还可以和互联网交互使用，给课堂带来了更加丰富多彩的信息空间。电子白板带有网络资源，教师或学生可以利用网络在线搜索课堂需要的资源，及时进行显示和播放。其中超文本链接功能还可以对任意一设定网页、文

件、页面进行超级链接，拓展了课堂的学习空间。

在《24 时计时法》的拓展部分，教师利用网络教室环境，让学生自己在互联网上查阅学习关于计时法的历史，并分小组交流与学习。学生在喜欢的学习方式中拓展了知识的宽度。

又如在《认识人民币》一课中，最后教师利用电子白板与网络的交互性，在线查找了美元、韩元、欧元等各国钱币展示给学生看，并介绍几种外币与人民币的转换价格，让学生感受到数学知识来源于生活，在激发学生的数学学习兴趣的同时也拓宽了学生的知识面，引导学生自主学习、自主探索。

通过实际运用和教学效果，笔者深深体会到交互式电子白板对传统小学数学课堂教学方式带来的变革，体会到了利用交互式电子白板等信息技术能够更好地培养学生的学习兴趣和参与积极性，能够更好地达到教学目标。教师在教学中应该不断提高自己运用信息技术的能力，让“枯燥”的数学课堂变得“好玩”起来。

合肥市临泉路第一小学

“翻转课堂”教学模式的探索和应用

万　敏

一、“翻转课堂”研究的背景

“微课”“翻转课堂”这些新概念的引入，让我们敏锐地意识到，“翻转课堂”教学模式在学校的实际开展将会给我们的教育带来巨大的变革。华东师范大学的陈玉琨教授阐释了“翻转课堂”的内涵，他认为，“翻转课堂”是相对于传统的课堂教学模式下学生在课堂上听讲知识、课后完成作业的学习形态而言的。在“翻转课堂”的模式下，学生课前先自学基于教学目标和内容制作的教学微视频，完成进阶作业。在课堂上，师生一起完成作业，解决疑难问题，创造探究的学习形式。“翻转课堂”是一种先学后教，自主性、互动性、个性化的教学模式。我们认为，“翻转课堂”教学模式将课堂的中心从老师和讲课转移到学生和学习上，学生可以每天在家里通过个性化的平台学习知识，完全按照自己的方式和节奏学习。在课堂上，老师和学生的互动时间增多了，老师不仅可以站在讲台上讲课，还可以走进学生中间，针对学生的学习情况进行一对一的辅导。传统教学模式的课堂，老师站在学生和知识之间；而“翻转”式的课堂，学生直接获取知识，老师更加关注学生获取知识的效果和能力。

二、“教师备课四环节，课堂实施六步骤”的“翻转课堂”模式

要构建“翻转课堂”教学模式，使得教学模式有操作依据和理论支持，必须梳

理清楚课堂“翻转”的过程，把握“翻转课堂”的特征，遵循“翻转课堂”的设计原则。为了检验基于微课的“翻转课堂”教学模式的可操作性和需要注意的事项，学校以小学教学内容为例，开展基于微课的“翻转课堂”实践研究。为进一步探究基于微课的“翻转课堂”教学模式对课程的有效性，我们确定了实验班级开展教学实践，在实践中收集数据进行分析，并运用调查问卷和访谈的方法了解学习者对新模式的认可度，与传统模式相比学生学习兴趣的变化。结合学校暂时没有建设“PAD 云教室”的实际情况，学校将“校内翻转”和“校外翻转”相结合，家里有电脑（或者平板）的学生可以在家看，家里没有电脑的学生利用学校班班通设备统一观看。我们最终采用的形式是以“校内翻转”为主，学生在课堂中没有使用 PAD 终端和资源平台。

通过一个学期的实验研究，学校梳理出了“教师备课四环节，课堂实施六步骤”的开展模式。

“备课四环节”指教师上“翻转课堂”所做的四个环节准备工作：梳理 →制作 →指导 →分析。

梳理是指教师利用思维导图梳理知识点，从学科知识体系出发，明确本节课需要解决的问题。制作是指教师利用白板互动软件制作微课课件，录制微课。之所以强调用白板互动软件，是希望教师在微课中更多关注与学生的互动性。指导是指教师结合微课，给学生下发学习任务单，并精心布置习题，指导学生自学和检测学生学习情况，为课堂教学中深入学习打下基础。分析是指结合平台对学生完成习题的反馈数据，深入分析，了解学生的学习情况，并再次深入研究，准备课堂学习任务，让学生开展深入学习。

“实施六步骤”指“翻转课堂”的具体步骤：课前自学→梳理反馈→提炼任务→课上自学→小组协作 →展示交流。

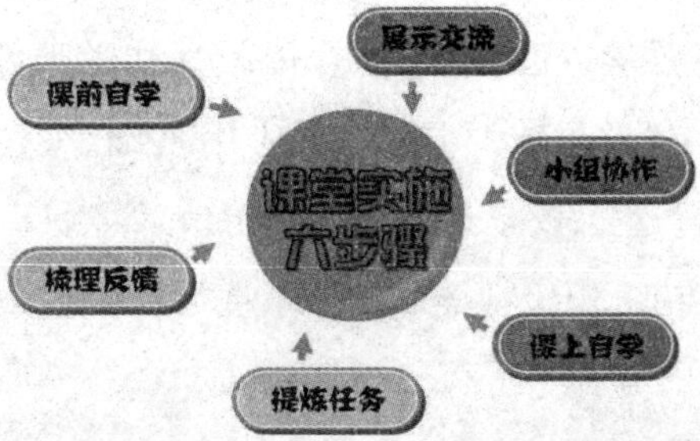

课前自学是指学生利用电脑(或者平板)自主观看教师的微课,结合教师的学习任务单自学,并完成练习,提交作业。梳理反馈是指通过课堂上教师对学生完成习题的情况做反馈,帮助学生梳理知识,确保每位学生都能做对习题并找出出错的原因。提炼任务是指教师进一步提炼出本节课的知识点,并结合学生的实际情况,布置新的学习任务。课上自学是指学生自主完成老师布置的新的练习,结合课前自学的知识,深度学习,解决问题。小组协作是指在没有 iPad 等学习终端设备的情况下,学生通过小组协作,互帮互助,解决问题。展示交流是指各小组展示自己的学习情况,交流体会,碰撞火花。这种教学模式充分体现以学生为主体、教师为主导的教育理念,有利于养成学生自主学习的习惯,提高学习能力,张扬学生个性,从而促进全面发展。

三、在“翻转课堂”研究中的做法和经验

1. 开展理论知识的培训

学校积极开展微课和“翻转课堂”的理论学习和培训,学校先后安排领导和骨干参加信息技术的培训,系统学习微课的制作。学校还先后安排骨干教师参加全国中小学微课程建设与“翻转课堂”实践教学深度研修班和安徽省“基于微课的‘翻转课堂’项目研究”观摩研讨现场会。同时学校添置了一批关于微课和“翻转课堂”的书籍,组织学校老师积极学习。学校充分发挥骨干教师作用,利用寒假校本教研时间,开展关于微课和“翻转课堂”的专题培训,为老师们普及微课和“翻转课堂”的理论知识。

通过积极开展教师培训,学校全体教师开始熟悉和理解“翻转课堂”的含义

及操作方法。通过前期利用思维导图梳理知识点，进一步开展课件制作、微课制作，为“翻转课堂”储备教学资源；通过让全体教师和学生登陆并熟悉“K6KT－翻转课堂”教学应用平台，为“翻转课堂”打下应用基础。这些学习和培训，为学校真正尝试将“翻转课堂”这一教学方式的变革引入课堂打下了坚实的基础，学校在前期微课制作的基础上，积极探索“翻转课堂”的实施模式，更好地为教育教学服务。

2. 借力思维导图，梳理教学思路

思维导图是表达发散性思维的高效的图形思维工具，简单却又极其有效。

学校通过对全体教师进行思维导图的相关培训，将思维导图运用到实际教学中。学校以五年级语文组为试点，安排五年级语文备课组展示了本组思维导图制作的过程，针对五年级《语文》下册 27 节课中信息技术与课程的整合点进行了系统性的梳理与归纳。教师运用思维导图梳理教材中的知识点，为后期制作微课打下基础。

思维导图这一工具的使用，让教师从宏观上把握住教材的知识图谱，更好地梳理微课的制作点，更好地开展“翻转课堂”教学模式的项目实验。

3. 运用特色平台，开展家校互动

学校利用寒假，在全体学生中开展“趣味寒假作业——课文好声音、好书我推荐”活动。“课文好声音”要求学生在充分理解课文的基础上，标准、规范、声情并茂地进行朗读。“好书我推荐”则是学生在自己充分阅读的基础上，畅谈自己的体会，把自己的收获和大家分享并推荐给其他同学。这两项作业还有一个更有趣的特点是它们呈现的形式是微视频，它们所使用的平台就是“翻转课堂”平台。平台的特色运用，以兴趣为出发点，让学生在得到锻炼的同时，喜欢“翻转课堂”平台，为学校后来开展“翻转课堂”教学模式打下坚实的基础。

4. 单学科试点，开展“翻转课堂”教学模式试水

学校以数学为试点学科，开展单学科实践，进行“翻转课堂”的研究。通过实验教师示范课，实验学科的组内教师开展了热烈的评议，针对这种“翻转课堂”模式展示阐述了自己的观点，在普遍肯定优点的基础上，也提出了各自宝贵的建

议。通过这种扎实有效的研讨活动，每位教师对“翻转课堂”有了新的认识，所有的数学教师在教育理念和教育实践中也收获颇丰。

5. 示范辐射，和结对学校共同开展“翻转课堂”教学模式尝试

学校充分发挥在微课和“翻转课堂”方面先行一步的优势，协同更多的学校开展“翻转课堂”教学模式尝试。以区中小学音乐教师骨干联盟为平台，区教体局教研室安排全区音乐骨干教师参加了在我校开展的“翻转课堂”专题交流活动。学校还充分利用合肥市“同步课堂”这一多媒体平台，和城乡结对的兄弟学校开展空中“同步课堂”活动，即我校老师利用这一平台，同时给现场的我校学生和远在异地的另外一个班级上同一节课。我们安排的课采用了“翻转课堂”的课堂结构。我校老师课前就把微课和任务单发送给兄弟学校的老师，两校同时安排学生课前观摩微课，完成任务单，然后利用“同步课堂”这一平台，在课堂上开展研讨。这一活动，让远在乡村的结对学校也接触了微课和“翻转课堂”这一新的教学形式，带动兄弟学校共同发展。

“教师备课四环节”和“课堂实施六步骤”这一模式的确立，让教师备课时有方向，课堂实施时有步骤，为真正将“翻转课堂”这一教学方式引入课堂打下了坚实的基础。“春风催潮生，春雨润百花。”面对新的教学模式，我们将继续坚持走信息化强校之路，以素质教育为核心，进一步与时俱进，全面推进学校教育信息化建设，把学校建成高水平、有特色、能满足人民需要的精品学校。

小学低年级数学“错题档案”的有效运用

柳　敏

小学低年级数学一直是小学教学的难点科目，主要原因在于低年级学生受年龄的限制，对问题的认识偏向于形象思维，因此在数学学习中往往会显得力不从心。创建“错题档案”可以对数学学习中容易出现的错误进行有效的总结，教师在引导学生进行总结的过程中，不仅能够帮助学生对自身的学习情况有一个具体的了解，而且能及时调整教学方案，因此，探究小学低年级数学“错题档案”的有效运用是很有必要的。

一、 小学低年级数学教学中创建“错题档案”的作用和意义

1. 养成学生良好的学习习惯

小学低年级学生刚步入学习阶段，因此需要教师对学生的学习行为进行引导和规范，帮助学生养成良好的学习习惯。创建“错题档案”这种学习手段不仅能够应用于低年级的数学学习中，在未来各个阶段的学习中也具有至关重要的作用，只有从小养成归纳总结、深入分析的学习习惯，才能保证学生在未来的学习中有较高的学习效率。

2. 帮助教师调整教学方案

创建“错题档案”不仅能帮助学生有效学习，而且还能帮助教师提升教学水平。教师引导学生创建“错题档案”的过程不仅是学生归纳总结的过程，还是教师对数学教学的反思过程。教师通过对学生“错题档案”的查看，可以对学生的

学习情况有一个全面的掌握,从而对不同学生进行针对性的教学,帮助每个学生提高学习效率。

二、 小学低年级数学教学中创建"错题档案"的有效方法

1. 进行有效的归类整理

创建"错题档案"要从学期开始前就进行准备。首先,教师应该将创建"错题档案"的作用和意义向学生、家长进行讲解,让学生对"错题档案"有一个正确的应对态度;其次,教师应该将创建"错题档案"的方式方法对学生、家长进行说明。我在一年级家长入学前的培训会上就布置准备"错题档案"的任务,因为一年级学生年龄太小,所以我必须先从家长入手。我把错误类型如粗心大意、计算错误、定义理解不透彻、题目理解错误等先告诉家长,然后让家长带着学生将书本上的练习、平时作业、阶段测试中出现的问题进行总结。在总结时,必须将每天的日期和错题的出处进行标注,并将发生错误的原因进行备注。通过这种办法,先由家长协助再到慢慢放手让学生自己做,这样可以对做错的题目有一个深刻的印象,并能将"错题档案"作为学习和复习过程中的有效参考。

2. 进行及时的讲解记录

学生对"错题档案"的归纳和总结不仅应该体现在课后,还应该体现在课堂上教师对错题的讲解过程中。教师在课堂上讲解错题时不能局限于正确答案的更正,而应该从分析题目的意义出发,对解题的思路和方法进行详细的讲解,引导学生在错题旁及时进行批注,并对自己做题时没有注意到的细节进行补充。苏教版一年级上第63页第5题、第71页第7题,通过读题定位问号的位置,从而分析题目要求的是整体还是部分,是加法还是减法。这道题是典型的已知总数求部分的问题。做完我统计了一下,有10人左右出错。有计算错误 $8-4=3$,有不理解题意 $4+4=8$。我在课堂上对学生进行错题的记录示范,在黑板上列出了必须记录的一些要点,然后用规范的语言和格式进行书写,并要求学生根据黑板上的规范记录,用不同颜色的笔进行书写,从而厘清解题思路,提高学习效率。

3. 进行必要的补充总结

在创建“错题档案”时,定期的补充和总结至关重要。创建“错题档案”的目的不是为了将错题集结成册,而是要让学生对常犯的错误有一个明确的总结,从而避免在以后的学习过程中再出现类似的错误,因此教师必须引导学生对“错题档案”进行定期的复习。我会以周为单位,将一周内学生的错题整理成一张检测卡,让学生再复习,在复习的过程中引导学生有效利用“错题档案”,对知识系统进行举一反三的讲解,并将新的知识体系进行补充和总结,从而提升学生的学习水平。

4. 进行合理的知识迁移

教师在运用“错题档案”进行辅助教学时,一定要引导学生对错题背后的知识点进行探究,避免“错题档案”的创建停留在表面形式。在“错题档案”的整理和归纳中,教师要引导学生形成四个阶段的学习:一是发现问题,这要求学生对错题中的知识点进行归纳总结,然后找出自身数学学习中比较薄弱的部分;二是提出问题,在发现自身存在的问题后,教师应该引导学生对这些问题进行总结;三是分析问题,在这一学习阶段,教师要对学生存在的问题进行具体的分析,然后完成第四阶段,即解决问题。

综上所述,针对小学低年级数学“错题档案”的有效运用的探究是非常必要的。在创建“错题档案”时进行有效的归类整理、及时的讲解记录、必要的补充总结、合理的知识迁移,进而有效提升学生的学习能力。

让学生和自然对话

——写景作文教学心得

郑传玲

小学作文教学一直是让教师感到棘手的问题，教师煞费苦心安排的教学内容、观察活动，往往许多学生都当成是玩，说得干巴巴，写得干巴巴。特别是写景的作文，学生抓不住景物的主要特征，写得很空洞，读起来索然无味。

其实写景的文章离不开大自然，而学生对大自然有一种天生的亲近感，如果让学生走进自然、和自然对话，他们会感到其乐无穷。针对这一点我有意地设计了一些说写训练，让学生说说他们眼里的大自然，写一些童话题材的小故事，他们会感到轻松愉快，非常喜欢。我自己也从中获得了一些心得。

首先，设计精妙的导入语，激发学生的写作兴趣。

写作前，教师的导入语能否激发学生的好奇心，引发学生的兴趣，是写作成功与否的重要一点。

“交代任务、强调重要性”这样一类的导入语，学生听了会厌烦，而且会引起心理紧张，写作还没有开始学生就感到没有兴趣了。特别是写作过程变得很费力，学生就会产生厌恶或逃避写作的情绪。因此作为教师来说，应该努力做到让学生在写作过程中感到轻松自如。比如五年级第一单元写春景的作文，我就设计了这样的导入语：“同学们，春天已经悄悄地来到了我们的校园，老师已经听见春姑娘的脚步声，听到了她与校园里花草树木的对话，你们听见了吗？请同学们自己去看一看、听一听、找一找！”接着我就组织“寻找春天、倾听春天”的活动，学生三五成群的活动开了，观察完了回到课堂，我就让学生谈自己的感受，他们你一言我一语，说得好极了。于是我又趁热打铁问学生："春天仅仅是来到我们的校园吗？""不，春天充满人间！"听到他们的回答，我的心里一阵欣喜。"对！春天无处不在，那就请同学们走出校园，继续寻找春天吧，明天郑老师来听一听，谁又有了新的发现、新的体会。"这一次的习作，学生兴趣盎然，写得非常出色。所以说从学生的心理出发，设计精妙的导入语，减轻学生的心理负担，使学生能学得更好、更轻松。

其次，变换学生的角色，激活学生的习作思维。

写作训练中学生无话可说，无言可写，是最令教师沮丧的事。怎样使学生在写作训练中变得愿意写，是我一直探讨的问题。在训练中，我尝试多角度提问，让学生变换角色去体验，激活学生的写作思维，让学生展开想象的翅膀，用富有个性的语言来表现自己的所见、所闻、所感。例如在"寻找春天、倾听春天"这个活动中，我让学生扮演各种植物，我提问："柳树，冬天你是什么样子？谁使你变成这样的？"……学生丰富的想象，富有童趣的述说，启发了其他学生的思维。于是有关各种动物、植物的问题，各种类型的问题全都出来了，学生跃跃欲试，个个都想说，我就让他们先在小组内自由说，然后选出代表在班级说。一节课就在学生绘声绘色的描述中结束了，接着写出来的作文就更加精彩纷呈了。

再次，教师身临其境，点燃学生写作情趣。

教师在进行写作指导时缺乏感情，学生必定说得、写得也没有感情。老师用成人的感情代替学生的感情去指导说写，学生的说写同样也不可能有真情实感。有人曾说"没有良好的教学情感的参与，教学永远不会取得成功"。所以教师应该与学生同观、同听、同说、同乐，这种身临其境的教学，使学生有了情感的源泉。教师那一个个指向明确的提问，便能唤起学生的情感活动，使学生产生一种写作的愿望和动力。例如今年春季，学校组织学生游丰乐生态公园，并且举办了征文比赛。于是在整个活动过程中，我和学生同观同乐，而且在游玩过程中，我设计了许多问题，开拓了学生的思路，学生练说练答，把自己的情感体验说得形象、生动，写作指导始终在教师富有激情的鼓励与学生高涨参与的热情中进行。因此这次征文比赛，我班选送的七名同学，全部获了奖。

最后,学生用心感悟、抒写自然之美。

在以往的写景作文教学中,我非常注重写作方法的指导,比如由近到远、由整体到部分等等,学生虽然掌握了这些写作方法,但是真正写起来仍然会出现内容空洞、不具体的现象。原来学生将观察当成一种任务,去机械地看一看、摸一摸,并没有带“心”去,这样观察后写的作文,怎么能有血有肉呢?后来我就要求学生在观察过程中用心去体味,用心去感悟。“春姑娘给人们的礼物是什么颜色的?”学生便能发现大自然的色彩美。“公园里的树木都是一样的吗?”学生便能发现大自然植物的形状美。这样久而久之,学生就养成了细心观察、用心体味的良好习惯,因此写作起来就容易得多。

所以说从春夏到秋冬,如果教师都能让学生去耳听、手摸、心想、嘴说,让学生与自然对话,他们一定会用充满童稚、童真、童趣的语言向你展示出自然的美,向你展示出他们一颗颗纯真的心。

浅谈小学数学电子典型错题资源的收集与利用

胡　凤

从长期的教学实践中观察，我们发现："岁岁年年学生不同，年年岁岁错误相似。"错题暗含学生的思考痕迹，隐含着学生的学习误区和教师的教学盲点。典型错题作为一种客观且丰富的生成性资源，可以作为教师及时调整教学和提高教学有效性的参考材料，也是学生进行自我反思的再学习进而提升数学素养最有价值的资源。

一、收集小学数学典型错题的方法

本文中，错题是指学生在解答数学习题（课本、课后配套练习）、阶段性教学质量检测卷中出现错误的数学题目，其中典型错题是指班级学生错误率≥15%的数学题目。收集学生错题是教师整理典型错题的前提和依据，为有效地收集典型错题，教师可从以下方面着手：

1.收集前的准备

（1）给班级学生编学号：教师以班级学生姓名拼音字母为顺序，依次命名学生在该班级的学号（如01—50）。

（2）贴标签备注学生信息：把学生班级信息和学号［如三（1）班　01］以标签备注的形式粘在课后习题作业本上或写在阶段性教学质量检测卷上。

（3）学生学完新课后，独立完成作业。

（4）教师准备学生错题统计表（如表1），表中分为错题来源、错题内容、出错学生学号、出错学生人数、出错率(出错学生人数/班级学生总人数)。

表1

学生错题统计表				
错题来源	错题内容	出错学生学号	出错学生人数	出错率

2. 收集的具体步骤

(1)及时记录学生错题统计表:教师批改学生作业后及时在学生错题统计表中作记录。

(2)形成电子典型错题图片:教师观察记录表,如果发现典型错题,可通过手机、平板电脑、照相机、电脑扫描仪等设备进行及时拍照,记录学生的出错解答从而形成电子典型错题图片。在拍摄日常作业(如数学练习测试)时,教师可把典型错题的当页(或仅把典型错题的解答过程)拍摄下来。而在拍摄阶段性质量检测卷中的典型错题时,为了省时,教师可以分别拍摄阶段性质量检测卷的正反面,而非一题一题单独拍摄。

(3)命名电子典型错题图片:教师新建并命名文件夹[如,三(1)班第六册数学练习与测试典型错题图片],而文件夹中典型错题图片简单命名形式为练习与测试第×页第×题+学生学号。而对阶段性质量检测卷的文件夹命名形式可参考:三(1)班第六册第一单元教学质量检测卷图片,其中"学号+A"表示该学号学生教学质量检测卷的正面,"学号+B"表示该学号学生质量检测卷的反面。

(4)形成电子典型错题的过程性资料:教师新建一个Word文档,在文档中插入表格,表格命名为×年级×班第×册数学练习与测试(阶段性教学质量检测卷)第×单元典型错题统计表(如表2),完成统计表后附上对应的电子典型错题图片。

表2

三年级(1)班第六册数学练习与测试第一单元典型错题统计表			
题　型	题目内容	出错率	难易星级程度
一、选择题	1. 下面的算式中,(　　)的积大约是4200。 A. 72×58　　B. 72×52　　C. 68×68	15.4%	★
	2. 要使□6×28的积是四位数,□里最小填(　　)。 A. 3　　B. 4　　C. 5	25%	★

其中题型一般分为选择题、填空题、判断题、计算题、画图题、解决实际问题和思考题等。难易星级程度的划分标准:★(班级错误率 $<1/3$),★★($1/3\leqslant$ 班级错误率 $<2/3$),★★★(班级错误率 $\geqslant 2/3$)。

二、整理并形成小学数学电子典型错题资源的方法

学生在日常作业和课堂上出现的错误经常是雷同的,有的错误学生是一犯再犯。所以教师对学生犯的种种错误,要认真地加以分析并更深入了解学生出错的原因从而撰写具有针对性的典型错题解析和反馈性练习题。

1. 错因的分类

在收集学生典型错题后,教师可通过观察、访谈学生的形式并结合自身的教学经验,深入了解学生产生典型错解原因。一般来说,引起错误的原因主要有以下几种:

(1)做题粗心引起的遗憾之错。如数字、符号看错,横式漏写结果,草稿纸上写对,抄到作业本上就错了等。

(2)理解模糊造成似是而非之错。由于小学生认知水平的差异,部分学生对所学知识一知半解,还有他们的文字理解能力受语文水平的限制,数学学习中经常因语言理解能力偏差而产生错误,这种现象在低年级中较普遍,在中高年级中也经常存在。如图1,学生没有充分理解“来回”的意思,不明白其实题中爷爷走了4个来回,也就是走了8个500米。

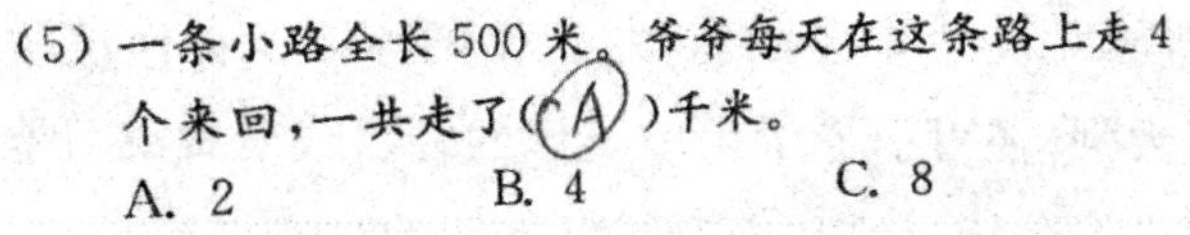
(5) 一条小路全长500米。爷爷每天在这条路上走4个来回，一共走了（A）千米。

A. 2　　B. 4　　C. 8

图1

(3)新旧知识干扰导致无心之错。心理学告诉我们，每个学生的知识结构受其智力水平的影响，在接受新知识时必然受其原先结构的影响。同时，新知识对已有知识也存在一定的消极影响。学生在学习中常常会受到新旧知识的前后抑制，特别是当两种知识点相近或相似时，学生容易产生思维定式。学生在观察题目的过程中对题目的结构不会有太多的思考，而是片面地关注一些特殊的数据，从而引起错觉，产生错误。

2. 整理的具体步骤

我是按题型整理分析典型错题，具体步骤如下：(1)分析错因；(2)正确思路解析；(3)呈现正确答案；(4)撰写反馈性练习题(反馈性练习题是指教师就某数学知识点的典型错题编写出同类或变式练习题，它可作为学生进行针对性练习进而有效地规避错误的载体)；(5)制作讲解典型错题的微课：教师如果发现典型错题的学生错误率达50%以上，需针对典型错题制作出直观形象、语言生动、思路清晰的讲解性的微课；(6)形成电子错题资源：教师将典型错题解析和反馈性练习题文档、微课等分年级、分册、分单元上传到网络从而汇集成电子资源。

三、有效利用小学数学典型错题资源的方法

1. 巧用典型错题资源，师生成就课堂精彩

(1)学生间思维碰撞，师生间交流升华。

在学习新知识的课堂中，教师发现学生典型错题后，为激起学生之间的思维碰撞，教师可参考以下几点：①做到心里明白：该题是学生学习重难点知识过程中的拦路虎，是解疑解惑且够得着的扶手；②把课堂还给学生：先请出错的学生板书或讲解自己的思路，再请明白本题算理的学生与出错学生之间进行思维的碰撞，或通过其他学生之间的交流后再请学生作为小老师进行评价；③引导学生

反思:教师可引导学生反思本题的意图、出错的原因及如何预防出错,如果班级学生整体学习能力强,还可引导学生出类似的题目或变式练习题。总之,抓住课堂中的典型错题进行分析讨论从而升华师生间的交流。

(2)基于典型错题资源,实践高效单元复习课(练习课)。

在数学教学中,单元复习课(练习课)常常不被重视。练习课,重在对某一知识点的强化与训练;而单元复习课,则是在学完一单元内容之后进行的一次系统整理、全面盘活与深度挖掘。

教师在精心准备单元复习课(练习课)时,应注重基于典型错题资源去寻找知识间的关联点和挖掘核心内容的生成点进行教学设计;同时教师可遵循"鼓励学生分享错题,暴露错因,自我纠正;分享困惑,齐心协力;分享成功,提炼生成"等环节进行教学实践。这样具有师生刨根问底式的反思与思维碰撞的单元复习课(练习课)才是最利于学生的。

(3)以"学力单"为载体,设计实践高效课堂。

"学力"是指一个人的知识和能力水平以及在接受知识、理解知识和运用知识方面的综合能力。教师可以把难易星级程度是一颗星的典型错题(或反馈性练习题)作为学生课前预习的"学力单"(如图2)进行课前测试,教师对此进行实证分析后,制定出更有效的课堂教学设计和师生活动并予以实践,重在提高课堂的有效性。

2. 搭建错题资源微平台,促进课后个性化学习

本文中微平台是指教师、学生、家长三方以多媒体方式传送信息进行交流的渠道,借由微博、公众号、QQ、微信、网站等方式搭建而成的学习交流平台。

(1)提供学生个性化循环学习的成长空间。

教师把电子典型错题资源通过微平台发给(推送给)学生或家长,请家长督促(提醒)学生在认真学习电子典型错题资源后独立完成具有学习效果自测的反馈性练习题。这样具有丰富的个性化学习资源的微平台可实现学生课后随时随地学习,满足不同学生的学习需求,为学生再学习提供成长的空间。

(2)以典型错题为抓手,学生自主录制微课。

"授之以鱼不如授之以渔",教师与其把自己录制的微课放给学生看,不如放

认识年、月、日的学力单

【问题探究】

1. 填空题.

（1）一年有（ ）个月，其中（ ）个大月，（ ）个小月. 每个大月有（ ）天，每个小月有（ ）天. 有一个月的天数最少，这个月是（ ）月.

（2）一年中是大月的月份有（ ）月、（ ）月、（ ）月、（ ）月、（ ）月、（ ）月和（ ）月. 是小月的月份有（ ）月、（ ）月、（ ）月和（ ）月.

2.2018年全年有多少天？

（1）方法1：

（2）方法2：

（3）这两种方法，你更喜欢哪一种？为什么？

【回顾反思】

我学会了：

我的疑问：

图2

手指导学生自主录制微课。因为学生要想在微课中讲清楚典型错题就必须理解题目背后的知识并能灵活运用，其实学生录微课的过程就是复习巩固和加深印象的过程。小学低年级的学生可以在家长的帮助下利用手机录制微课；对小学中高年级学生，教师引导他们以小组合作的方式自主选择典型错题并完成录课。教师在微平台展示学生录制的微课，引导学生自主学习交流。

教师敢于放手鼓励并指导学生自主录制微课，其实是将学习的主动权还给学生，这不仅有助于教师和学生精准分析学习情况，还提升了学生高效和自主学习的能力。

综上所述，学会巧妙收集且利用典型错题资源将是当今小学数学教师实现高效课堂和提升学生数学素养的一个重要途径。

民间体育游戏在小学体育教育中的运用分析

曹玲玲

随着社会发展,科学技术对人们生活的改变也变得明显,同时越来越多的科技感、时代感玩具也走入了小学生的世界,填充了小学生童年生活的同时,也会给他们带来思维停滞、注意力分散等问题。然而民间体育游戏却和科技感玩具不同,民间体育游戏是中华民族传统文化的凝练和萃取,是劳动人民智慧的结晶,教师要擅于在小学体育课堂开展民间体育游戏的教育活动,增加小学生对传统文化的认知和兴趣。

一、民间体育游戏对小学生的重要作用

1. 民间体育游戏是传统文化的重要组成

民族文化是在悠久的历史中不断积累的智慧结晶,之所以可以流传到今天,是因为它是我国民族重要历史文化遗产的一部分。我国国土面积辽阔,不同的地区有不同的民族风俗习惯,这就会创造出不同的特色文化,不同的特色文化造就了多种多样的民间体育游戏,民间体育游戏真实地展现了不同地域的文化色彩。

2. 民间体育游戏是人们生活的缩影,代表了广大人民的日常生活

民间体育游戏可以给小学生带来全方位的发展,提升小学生的综合素养。孩童时期是一生当中发育最快的年龄阶段,对于小学生乃至一个家庭来说都是至关重要的时期。民间体育游戏在形式上的不同也可以给小学生带来不同方面

的提升,有的民间体育游戏注重运动性,可以强健小学生的体魄,有的民间体育游戏注重言语的表达,可以很好地锻炼小学生的语言表达能力。

二、民间体育游戏的特点

1. 规则简单易懂

大多数民间体育游戏都是由普通的劳动人民发明创造的,而在过去的社会,普通人是很少有机会接触到文化教育,这就使多数民间体育游戏的内容、规则等都是相对简单而直接的。从另一方面来说,民间体育游戏都是以小学生能进行娱乐为基础而发明创造的,为了适应小学生对游戏的需求,民间体育游戏也不会设计繁杂难懂的游戏规则,所以民间体育游戏在实行过程中非常清楚简明,且极易上手。

2. 生动有趣

民间体育游戏是为了孩子进行娱乐而发明的,这就需要在民间体育游戏中加入生动有趣的元素。喜欢玩是孩子的天性,通过将民间体育游戏融入小学体育课堂的方式,小学生将会对课堂教学内容产生浓厚的兴趣,这就可以达成寓教于乐的教学目的。

三、民间体育游戏的教学方式

1. 对游戏进行改编

许多传统的民间体育游戏从内容上来讲都比较简单,但是随着小学生的不断成长,这些游戏已经不适合继续在小学体育课堂开展,这就需要对民间体育游戏进行适当的改变,在原有的游戏内容和规则上做出更加符合当今小学生的改变。以跳皮筋为例,在作者学生时代,有些跳皮筋套路对于现在的学生来说还是具有吸引力,然而在儿歌上却有一些不符合现在的审美,或者虽然儿歌朗朗上口,套路却不那么符合现在学生的要求。针对这一点,小学体育课堂可以通过改变组合方式、扩展方式以及发散方式进行民间体育游戏的改变。组合方式就是将两个或多个民间体育游戏进行合理的组合改编,创造出一种全新的游戏方式,丰富原有的游戏形式。扩展方式就是增加或者减少原有的动作，以便更符合现在学生的需求。发散方式则是寻求别的突破，利用一切可利用的教具加以改编，以达到游戏的目的。

2. 明确游戏目标

小学体育课堂以及教师在选择民间体育游戏的时候，要与教学目标紧密结合在一起，使得民间体育游戏的选定更加具有适当性。首先，小学体育教师要明确民间体育游戏在小学生教学课程中的预期值。这不仅需要教师考虑到教学质量的需要，更加需要教师了解每个孩子的性格爱好特点，对民间体育游戏的开展进行高效的应用。其次，教师应该坚持教育质量与游戏质量相统一的原则，不能一味地只注重其中的一个方面而忽略另一方面。再次，教师要根据游戏制定相应的适合本班的游戏方案，让游戏能够在小学生的人生发展阶段中起到积极的作用。

3. 营造愉快的氛围

在教育小学生的过程当中，环境的设置非常重要，因为小学阶段是对世界充满好奇的时间段，在这一阶段，小学生会对身边的环境进行仔细的观察与学习，所以一个良好的学习环境可以让小学生更好地学习，因此在小学体育课堂的民间体育游戏过程当中应当给小学生创造一个活泼生动的游戏环境。例如在小学体育课堂的游戏区域尽可能多放置一些游戏玩具，贴一些民间体育游戏的动漫画在游戏区域的墙上，创造良好的氛围，使得小学生通过对环境的观察产生好奇进而增加小学生对民间体育游戏的好奇心，提高孩子接受民间体育游戏的可能性。

四、结束语

民间体育游戏是我国传统文化中不可分割的重要组成部分，将传统的民间体育游戏融入小学体育课堂，可以有效提高小学生对体育学习的兴趣，所以在进行体育教学时，应当重视民间体育游戏的重要影响；教师在民间体育游戏的开展过程中起到至关重要的作用，民间体育游戏也为小学生的发展打下了良好的基础。

巢湖市光明小学

汉字教学的“二性”思考与实践

尹亚卓

汉字是记录文化的符号,积淀着中华民族传统悠久的历史。让学生正确认识汉字并且规范书写汉字,是对中华民族五千年优秀文化的传承。识字教学既是小学低年级语文教学的重点也是教学难点。在日常教学中,听听、读读、写写、练练等方法的频繁运用,使学生感到枯燥无味,教学效果收效甚微。创设情景化汉字教学,在趣味横生中营造学习氛围,把对每一个汉字的学习与生活实际结合起来,这样学生就会记得清、记得牢,也增强了人文性。识字不再是教师和学生的精神负担,而是一种内需与享受。

一、创设情景化汉字教学,营造学习氛围

课堂教学中,教师应将课本上的知识与学生的实际生活情景相结合,营造汉字学习思维与情境之间的密切相关性,用生活中的知识来引导学生学习汉字知识,在汉字情境化、情境汉字化的过程中,增强汉字学习的趣味性,也为引导汉字运用创造了必要的认知条件。

比如对于《菜园里》这篇文章的教学,就可以使用营造生活氛围的技巧。在讲解文章时,教师可以将教室布置成课本中所描述的场景,摆放各类蔬菜,在“菜园里”进行教学。在每一种蔬菜的旁边都附上一张小卡片,上面写明蔬菜的名称以及用途,教师对每一种蔬菜进行简单的介绍,然后让学生自己去“菜园里”熟悉蔬菜。接着进行一个互动环节,教师随机选择一种蔬菜,请学生找出对应的纸

条，并大声地朗读出纸条上的文字。待学生熟悉之后，还可以进行抢答游戏，比一比哪位学生找得最快，读得最正确。通过学生们找一找、读一读，调动了他们的学习兴趣和主观能动性，提高了课堂参与感，使得认知教学过程都处于轻松愉快的氛围。采用这种方法，让汉字教学不再是一种强迫性、单面性，而是学生主动学习的过程，对于学生来说不再是学习的压力，而是一种精神享受。

二、解析汉字结构，巧妙引向生活

每一个汉字的笔画和结构都与自然、人类社会和心理等有着千丝万缕的联系。因此，汉字教学应该对汉字的构造等进行必要的通俗讲解或剖析，引导学生联系既有的认知掌握其构造，然后有针对性地设置教学技巧，以提高汉字学习的品位。

1. 部首识字法

解析汉字结构的部首，通过加减笔画、加减偏旁、字字合并等方式交给学生组字的方法。

比如在认识“三”字后，让学生加一笔可以组成“王”字，还可以组成“丰”字。以“丰”为例拓展到生活知识：不妨以其繁体字解析本意“豆之丰满”，亦可以引导学生对简体字进行想象解析：木直叶茂则丰。在此基础上，再引导学生模拟“木直叶丰”的游戏，游戏中不断引导学生运用“丰”字说话或写话，这样一来，“丰”字教学和运用的工具性和人文性更强了。

再比如“力”字，如果让学生加上偏旁，有的可以加“工”组成“功”，而有的可以加“又”组成“劝”，有的还可以加“云”组成“动”。小小的一个“力”字，竟可以有如此多的组合，有如此多的奥妙无穷的变换，必然也会生成更多的汉字与生活之间的密切联系，巧妙设置方法，学生就会有兴趣尝试其他的汉字。在解析部首的基础上，汉字教学的“二性”特点得到了彰显。

2. 图画识字法

利用简单的直观形象的图画来加深学生对汉字的印象，提高对汉字的识别度和记忆力。图画识字法是通过实物图片，可以帮助学生认识事物，加强记忆。

利用这种方法识字，不仅趣味十足，还可以开发学生的想象力和绘画能力，助其全面发展。如“日、山、林、森”等汉字都可以用形象的图画来表示，而且笔画简单，让学生画太阳、描述森林的面貌，不仅可以使得学生熟悉字形，还可以使他们体会象形文字的奇妙，感悟先人的聪慧。

3. 顺口溜识字法

对于结构复杂、笔画较多的汉字，可以使用“拆解法”，将每个部件编成一个顺口溜，如“攀”字：“‘×’对‘×’两边‘木’字扒，‘大’字在中间，‘手’在底下抓”。这样化繁为简的顺口溜，学生读起来朗朗上口，记忆起来就容易多了。

4. 字谜识字法

字谜是根据汉字的结构或读音特点而编成的谜语，供人们闲暇时娱乐。运用到教学中就形成了“字谜识字”，这种方法不仅形象幽默，而且可以加深对汉字字意的理解。在教学生编字谜、猜字谜的过程中，既增强了学生对汉字读音、字形等的记忆，又加深了对字意的理解，而且调动了学生的学习热情和兴趣，可谓是一种寓教于乐的教学方式。如“远”字可编为“带上一元钱到处去走走”，而相似的“运”字则可编为“到处走走看看蓝天白云”。

三、结合造字规律，传授识字方法

形声字在汉字中是个“大家族”，将近占了“半壁江山”。这类字由声旁和形旁组成，教学中，我将同一形旁的汉字进行归类，如“山”部的字一般与山峰有关，“月”部的字与身体部位有关，等等。这样的整理归纳让学生在理解的基础上系统地掌握汉字。对于这类字，我选择用“找朋友”游戏加以巩固：一组同学手拿偏旁部首，另一组同学去拿独体字，拼对了，两位同学成了“朋友”，并大声读出合体字。

会意、指事这类汉字虽然只是个“小部落”，但是如果能够抓住其造字要点，在教学中给予恰到好处的点拨，也能起到画龙点睛的效果。如，学习“采”字时，我问：“一只手在树枝上做什么？”生答：“采花、采果实呗。”形与意的认识自然形成，终生难忘。这类字还有很多，如“从”字，一人跟在一人的后面；“刃”字，在刀口上的一点,提示了那个地方是最锋利的。这类字也不少,不再一一列举了。

四、认识基础与书写关键中展示作品建立导向

汉字的美是通过书写表现出来的,小学生不可能达到炉火纯青的境界,但人的个性和非智力能力等会在写字中得到显现。多一笔少一笔的现象说明眼力存在一定的障碍;写漏字的现象说明专注能力有些差……我们并不是想把所有的学生都培养成书法家,但要求学生能正确、规范书写,具有良好的写字习惯,这是每一位语文教师应该做到的,也是对学生的一般要求。

在汉字书写时,我总是提出严格要求:写字时,姿势要端正,必须做到"三个一";写字时,教室要安静,不能交头接耳,身心要投入一笔一画之中。每个汉字必须做到:横平竖直,撇捺飞扬,点有力度,弯有弧度,笔画规范,结构均匀,大小一致,间隔适中。凡不能达标者,一律予以扣分处理,书写考评细则的持久严格执行,使我班整体书写水平有了质的飞跃。每月,我班都有"优秀作品展示""作业回头看""优秀作品推荐会"等活动。黑板报、手抄报等板块都尽可能让学生自己去完成。整个班级洋溢着"人人都想写好字,人人都能写好字"的良好氛围。

五、结语

万丈高楼平地起,小学阶段是打好基础的关键,阅读识字教学遵循人文性与工具性的规律和特点,将汉字学习与生活紧密联系起来,还要研读和活用教材以及丰富教学资源,将语文学科工具性和人文性的统一体现在汉字教学的每一个细节中。这样,识字教学更有效,也为整个语文学习过程奠定了汉字的基础。

现代信息技术在小学语文情境教学模式中的运用

马　权

在情境教学理论指引下,我们尝试寻求现代信息技术与小学语文情境教学模式的融入点。在教学中,教师运用现代信息技术,或创设情境,帮助学生确定问题;或再现情境,引导学生建构意义;或营造共享学习情境,启发学生自主学习、合作交流。这些运用方式有利于激发学生的问题意识,促进学生自主、合作、探究式学习,提高小学语文课堂的教学效率。

一、创设情境,确定问题

运用现代信息技术可以把文本中所描绘的情境真实地展现出来,能够引导学生进入情境,激发学习兴趣,明确学习指向。课文《船长》讲述了哈尔威船长在一次海难中,沉着镇定地指挥大家依次脱离危险,自己却与轮船共存亡的感人故事。如何帮助学生正确理解船长忠于职守的英勇壮举呢?在教学即将结束之际,我利用课件呈现了船长在众人脱离险境后,自己却随轮船慢慢沉下的镜头。此时,学生内心深处产生了强烈震撼。面对多媒体精心创设的真实情境,有学生提出疑问:“最后,船长为什么不和大家一起离开快要沉没的轮船呢?”针对课堂生成的值得探究的问题,我组织学生分组讨论。通过思考和交流,不仅厘清了学生对船长“不合常理”行为的重新认识,还引导学生学习了船长忠于职守的崇高品质。

二、再现情境，建构意义

《月光启蒙》是一篇情真意切的散文。作者以充满深情的笔触，描绘了童年时自己在夏夜月光下，听母亲唱民谣、童谣和讲神话故事的动人情景，表达了作者对母亲启蒙教育的无比感激和怀念之情。在教学将结束时，教师播放低沉缓慢的背景音乐，出示年迈的母亲慈祥地微笑着的照片。教师深情地对白：在月光下陪伴他长大的母亲已经衰老。有一天，作者回老家看望母亲，母亲被病魔折磨，已失去了记忆，连站在眼前的自己疼爱的儿子都认不出。她望着作者如同陌生人似的笑着，笑得作者泪流满面。他多么希望能够重新唤起母亲的回忆啊！他多么想说："妈妈，您可还记得……"

假如你是孙友田，你会在妈妈耳边说些什么呢？静静地想一想。

学生汇报交流。学生1说：妈妈，您可还记得我们在月光下唱民谣、童谣的时光吗？

学生2说：妈妈，您还记得我是您深爱的儿子吗？

学生3说：妈妈，您还记得当年您教给我的那些诗歌吗？

教师反馈：这一切，儿子都深深地记着。你听，"毛娃哭，住瓦屋。毛娃笑，坐花轿……"

教师总结：其实，不管母亲是否记得，在作者心里母亲永远都像一尊玉石雕像，那么美丽圣洁，又如同一轮明月永远珍藏在作者心中。课后，请同学们把想对母亲说的话继续写下来。

这一教学环节，教师运用现代信息技术再现情境，并与语言描绘相结合的方法，将学生带入母子相聚的场景，激起学生高涨的学习热情。教师在引导学生与文本以及作者深入对话的过程中，既回顾了课文内容，领会了"月光启蒙"的内涵，又使学生感悟到了作者对母亲的深深感激和怀念之情。学生在受到真挚情感熏陶感染的同时，也提高了道德修养和审美情趣，完成了对文章主旨的意义建构。

三、共享情境，合作交流

教师指导班级学生自主组建合作学习小组，把学生各自原有的知识信息整合成共享知识信息，有意识地创造共享学习模式情境。教师有意安排和设计的共享学习情境，能够促进知识的搜集和吸收，引发学生间互动，增进交流。

课文《在大海中永生》记叙了邓小平同志逝世后骨灰撒入大海的感人情景。课前我认真分析学习情境，邓小平同志逝世时，学生还未出生，对当时的情况缺乏了解。怎样加深学生对一代伟人的感知呢？课前我要求学生搜集一些邓小平同志的故事来读，了解改革开放40年来祖国大地的变化；同时自己收集一些有代表性的图片资料、文字资料等制作课件。教学伊始，利用课前搜集的资料，引导学生初步了解人物，建立学习课文前应有的知识储备。仅靠几节课学生是不能深刻理解邓小平同志的传奇人生的。因此，课文学完后，可安排学生分成若干学习小组利用课外时间继续搜集一些关于邓小平同志的资料（包括故事、照片、影视作品等）。通过讲故事、阅读分享、观看影视作品等活动，学生对邓小平同志的认识会更加全面，他的光辉业绩也会在学生脑海中更加具象化，从而在内心深处激起崇敬之情。具体操作时，教师可以指导学生根据自己的爱好、特长分成摘抄组、故事组、影视组等分别设置任务。摘抄组利用网络搜集邓小平同志的生平、贡献等文字或图片资料，制作一张电子板报；故事组可以向同学或家人讲述邓小平同志的故事，并利用摄录软件制作成小视频；影视组可以与同学间交流分享有关邓小平同志的影视作品。展示环节，在班级QQ或微信群等互动学习平台交流展示学生的学习成果，组织学生评选“最佳编辑”“故事大王”等称号。这种以任务驱动、合作交流为特点的共享学习情境模式，不仅培养学生搜集、处理信息的能力，而且锻炼了学生的现代信息技术运用和口头语言表达能力，为学生架设了课内外学习相结合的桥梁。

实践证明，新课标提出的“跨学科的学习和现代科技手段的运用，初步培养学生具备现代社会所需要的语文素养”，为现代信息技术融入小学语文情境教学模式创造了良好契机。从上述几个教学实例中可以看出，教师充分运用现代信息技术，或创设情境，帮助学生确定问题；或再现情境，引导学生建构意义；或营造共享学习情境，启发学生自主学习、合作交流，努力将现代信息技术与小学语文情境教学模式进行有效整合。这也是我们运用现代信息技术，探究小学语文"阳光课堂"教学模式的又一次新尝试和探索。

让小学高年级识字也精彩

黄　华

一直以来,识字教学都是小学语文低年级的首要话题,而阅读与习作则是高年级的主旋律,探讨这些话题的文章卷帙浩繁。可是,当学生进入高年级后不难发现:生字掌握量明显降低了,每册教材后那一百来个生字,学生也感觉困难重重。加之识字教学存在许多费时耗功之处,尤其在课外识字、丰富词汇储备时,学生的学习习惯养成及方法积累存在许多弊端,令教师常常摇头感叹——高年级识字难精彩。究其原因,主要有以下几个方面:

一、学生课前对生字词语的预习达不到预期要求

究其原因主要是老师布置作业千篇一律,缺乏灵活性和实效性。我曾有深切的体会,每次布置预习作业时,生字词语的预习要求都是:在文中勾画出生字词语读几遍,读准确后记记字形,找找它们的形近字、音近字作区别,然后边读课文边试着理解生词,实在弄不懂的就借助字典和词典。课课皆如此,踏实努力的学生则有收效。由于预习生字词语的过程不便于检查,因此,"偷懒者"也就有了可乘之机:只勾画出生字词语,其余都不管。这样做,预习的收效远远达不到预期的设想。

二、对课堂识字教学把握上的"过"与"不及"

在低年级时,识字教学是课堂教学的重点,升入中高年级后,识字教学的地

位逐渐居次，加之每篇课文的识字量差别较大——多则十余个，少则一两个，如若指导过精、过细，芜杂烦琐，学生久而生厌；若又无一指导，任其自由把握，那常会出现个别难点集体出错的现象。“过”则溢，“不及”则内虚。

三、识字后的巩固运用未跟上脚步

生字词语基本掌握了，可随着学习的推进，前面所学的内容会逐渐被学生模糊、淡忘。词汇储备着，未见运用，久而久之，就会失去它的鲜活性。在口头、书面语言中鼓励学生多用新学习的生字词语，这样不仅学以致用，还能达到温故而知新的效果。

四、学生课外识字自觉行为尚待养成

小学生往往会有懒惰的习惯，尤其在阅读课外书籍时，当遇到不认识的生字时，他们往往会置之不理或连蒙带猜，长此以往，学生的识字量不但得不到提高，还不利于识字习惯的培养。

那么，我们如何开展高年级的识字教学呢？我想可以从以下几点做起：

1. 课前预习要有明确的任务和目的

发扬学生的主体性，调动学生学习的积极性，是现代教育理论的核心思想。小学高年级学生具备了一定的独立识字能力，会拼读生字的字音、会分析生字的字形，也会用查字典或联系上下文的方法理解字义。因此，可以让他们先预习生字。为了达到预期的效果，我利用填写预习单和发语音的形式，增强学生参与的积极性，提高学生的预习效率。每节课前，我精心设计预习单，除了课文内容方面的设计外，我有目的地针对字词进行一些训练，如五年级下册《早》，我设计的题目中就有生字的注音，形近字的组词，多音字“蒙”在本课中的读音选择。这样，学生就必须要认真读文，查找工具书，解决难题。尤其是“蒙”字，在字典中有三种读音，学生就需要仔细辨别读音、理解字义，避免了形式化、走过场式的预习。同时，我充分利用班级微信群的作用，要求学生将课前预习读课文，改为发语音，让学生、教师、家长共同参与监督与评价。一段时间后，家长们反映孩子都有强烈的自尊心，他们往往把课文读好几遍，直到滚瓜烂熟，再发语音到微信群里。这样大大提高了学生在预习生字时的效率和学生学习的积极性。

2. 识字教学巧妙"取"与"舍"

小学语文教学内容比较繁杂，仅识字教学就包括音、形、义等多方面。对中高年级来说，在具备了一定的识字数量和识字能力的情况下，识字教学就要学会适当地"取"与"舍"，以适应学生的特点。对于课文中只要求会读的生字，教师可以在学生预习的基础上，在课堂上检查一下，避免因为粗心造成的错误，也可通过检查学生阅读课文，检查学生生字的掌握情况，及时纠正，融识字于阅读教学之中。而对于要求学生在音、形、义等方面都要掌握的生字，应该有选择地进行教学。这些生字，虽为生字，但作为中高年级学生来说，他们大多早已认识，因此将教学重点放在学生书写过程中容易写错或者容易读错的生字上。如于永正老师在教学《望月》一课时就是这样做的：在引导学生读书之前必须先检查是否都能够将生字字音读准，最后重点强调了"甥、瞳、锁"三个左右结构的字左右各占的比例，并做了示范。

对于已经掌握了不少生字的高年级学生，教师也可采用"词串"识字的方法，即用在强调重点生字时，将音近或形近的字都列出来，让学生在辨析中学会生字，又让学生掌握了字类，有利于找到规律，为今后的学习做铺垫。

3. 课堂指导要因地制宜、灵活多样

字音教学是分化识字的第一关。我们在指导字音教学时，重点应放在受方言影响较大而不容易读准的字音上。如在我们江淮方言中"j、g"的音、前后鼻音、平翘舌音发不准，这可以根据自己所在地区因地制宜进行教学，但其他的字也要进行检查。字形教学是分化识字的关键。在字形分析中既要改变教师包办的现象，又要避免逐字指明分析的做法。因为这样做太费时太单调了，并且学生的注意力不容易集中。我们可以因材施教，如"戍"字教学，可以通过编顺口溜的形式如"点戍、横戌、戊中空"来进行比较记忆。"奈"字教学，可以记成老大、老二、老小。但对于高年级学生而言，我认为还要利用本课的生字，进行纵向与横向的辐射，在词语的朗读与理解中识字。因此，在每课的识字中，我往往开展生字的四字词语的积累比赛，为了避免学生为比赛而去盲目地照抄，我还要求学生说出四字词语的意思，并且让学生用自己的语言教给大家，学生都认同的，就板书于黑板，成为学生共同的财富。

4. 多媒体技术与高端技术相结合

虽然高年级学生的抽象思维能力有了较大的发展，但是形象化的展示使他们更能接受和理解新的事物，也更能够激发他们的学习兴趣。利用多媒体演示字形，可以提高识字的效果，对于重点生字，利用多媒体的演示功能，可以化难为易，增强记忆效果。同时，利用多媒体演示字源，让学生不仅从字形还从字义上真正了解汉字，记得清，记得牢，也不会写错别字。如学生在写作中经常会写错“盥洗”的“盥”字，几次订正的效果都不尽如人意，我便找到了该字的字源，并通过多媒体展示：“盥”字的上半部分的两边就是两只手，中间是水，下半部分则是一个可以盛水的器皿。通过多媒体形象地展示，让学生再也不会写错这个字。

5. 多途径展开高年级识字教学

对于高年级学生来讲，语文教学的重点在于阅读和写作，即运用语言文字，所以高年级识字教学课程资源的开发也要以阅读和写作为中心。从阅读方面来讲，阅读课外书是识字的一条重要途径，在读书活动中，既能多识字也能积累语言，陶冶情操。教师可以开展多种形式组织学生读书，如开展故事会、朗诵会，评选“阅读之星”，同时开展识字比赛，使学生养成主动查阅工具书，积极识字的好习惯。

从写作方面来讲，写日记、周记，是学生提高写作能力的一条重要途径，学生在运用语言文字的过程中，不仅巩固了以前认识的生字，而且在遇到要表达意思而不会书写的汉字时，向别人请教，又让他们认识了新的生字，真是集“温故”与“知新”于一体。在日常生活中，让学生动手写一写必需的应用文，如留言条、书信、贺卡，书写对联，这些都是识字的重要途径。

我相信，只要我们老师多用心、多发现、多动脑，遵循学生发展规律，让学生找到方法，找到乐趣，高年级识字教学也一定会更加精彩。

微课在小学数学课堂中的实践与应用

苏 周

随着我国社会经济的高速发展,我国的科学技术有了非常大的进步,其中一项比较重要的外在表现就是科学技术已经渗透到人民群众的日常生活以及工作当中了。当然,对于小学数学课堂来说也不例外,其中微课的教学方式就是科学技术渗透到教育阶段而诞生的产物。做了一定的调查之后我们其实可以发现,微课相比于传统的小学数学教学方式来说,不仅可以在非常大的程度上增加小学生学习数学的兴趣,还能将小学数学的教学效果提升到一个崭新的层次。而且在新课改当中早已经对小学数学提出新的发展要求,那就是要对小学数学的教学模式联合先进的科学技术进行必要的创新,使其能够顺应时代进行自身的发展。所以在接下来的文章中,我们将对微课教学在小学数学课堂中的实践和应用进行有所提及,并且针对微课教学的现状提出一些建设性的意见,意在使微课教学能够在小学数学课堂中有良好的发展。

一、小学数学课堂中微课教学的优势以及内涵

1. 小学数学课堂中微课的基本内涵

微课,其主要特点就在于一个"微"字。对于这里的"微"字,我们从字面意义上进行理解即可,其中主要的含义其实就是小、轻、便捷、轻松。从另一个角度来说,微课其实是新时代含科学技术的产物,其不仅可以利用当今的信息技术,还能够将其进行整合,再以短小的视频为载体向小学生输出相关的数学知识。

其实小学数学对于小学生自身来说还是比较难以进行学习的一个课程,其中主要有两方面的原因:一方面就是小学生自身的智力发展还处于一种比较初级的阶段,因而对于小学数学的学习呈现出一种比较困难的状态;而另一方面则是小学数学的知识本就是比较抽象的,小学生非常难以理解,从而开始变得难以学习。而微课的教学方式则非常明显地将这几个缺点规避掉了,其可以打破时间与空间之间的界限,也就是说,小学生可以在家里或者图书馆利用微课学习数学,再或者是公交车等各种地方,因此从学习的位置上就可以判断出微课这种学习方式的效率是比较高的。

2. 小学数学课堂中微课的优势所在

(1)更好地理解重点。

众所周知,在小学数学中如果学习得当的话,是可以在小学的数学题目中进行举一反三的操作的。而在传统的小学数学的教学方式中,教师往往是课堂上的主体,对小学生的数学教学几乎是一种灌输式的教学,这样的教学方式往往使得小学生不能找到数学当中的重点,自然也就不能举一反三了。但是在微课这种教学方式中,教师则可以对教学内容进行总结和归纳,在微课的视频中提及比较重要的知识点,而这种方式则是小学数学教学最为需要的。

(2)学习的深度增加。

小学数学的学习虽然只是数学海洋中的基础学习,但是小学数学课程中的各种定理以及概念是可以在整个数学的学习生涯中都能用到的,所以,对小学数学知识的深度学习也是十分重要的。但是传统的小学数学的教学工作中不重视深度方面的教学。其中的原因我们在前文已经进行了一定的分析,那就是在小学的数学课堂中,教师完成教学任务已经实属不易,更不用说数学知识的深度教学了。但是在微课的教学方式中,教师可以在一个短视频中对一个比较重要的知识点进行讲解,还可以在后续加上延伸性的教学,这样小学生的数学学习深度自然就增加了。

(3)延伸性教学。

数学学习的海洋是非常广大的,小学生在数学学习中多多少少都会意识到这一点，而小学生的好奇心理是天生的，如果在实际的教学过程中将这一点忽视的话，就会使得小学生的数学学习兴趣开始慢慢地消失，甚至在某一天就会突然失去了学习兴趣，而且在传统的小学数学的教学过程中进行延伸性的教学其实是非常难以实现的一件事。但是在微课的教学模式中，教师可以利用网络上非常丰富的教学资源进行微课的调整，在必要的时候可以在短视频中为小学生增加一些课外的且与小学数学有联系的知识，这样就可以在课程的教学过程中提高小学生的学习兴趣。甚至由于学习兴趣的大幅增长，小学生还会自主学习，使得学习的效果成倍增加。

二、微课教学融入小学数学课堂的有效途径

1. 利用小学生的兴趣因素

在前文我们已经对这一点有所提及，那就是对小学生来说，其好奇的心理是天生的，因此对于任何陌生事物的学习，小学生除了陌生的感觉外，其实还有一定的潜在兴趣存在，而微课这种教学方式则可以将其潜在兴趣激发出来。为了实现这一点，教师可以在微课的短视频中添加多种元素，其中包括动画元素、图片元素以及生活元素等等，这些添加的元素往往是小学生非常喜欢且常见的，这样进行微课教学，不仅可以在课堂上提升小学生的学习兴趣，还会引发其在课堂的内外进行思考，从而帮助小学生将学过的数学知识应用到生活中。一旦小学生的微课学习达到了这一阶段，也就说明其学习的数学知识已经深入内心了。例如在小学数学“线与角”的教学课程中，教师就可以对微课这一教学方式进行比较充分的利用，可以在短视频中表现出线与角之间的联系，在进行区分的演示中让小学生明白两者之间还是具有比较显著的差距的。这样的微课教学方式往往可以使得小学生的注意力非常集中，其进行学习的效果也是事半功倍的。所以在小学生的数学课堂中，教师要充分利用小学生的兴趣因素，使得微课教学的方式逐渐地被小学生接受，并可以在以后的发展过程中形成一定的突破。

2. 在难点教学中进行应用

在前文我们已经对小学数学教学的地位进行了一定的提及，那就是其在整

体的数学教学中是处于一个基础的位置，而对基础知识的夯实是非常重要的。但是数学基础的教学工作并不是一蹴而就的，需要在长期的教学工作中得到相关的经验才能将这项工作完成。于是在长期的教育工作中我们发现了一个问题，那就是小学生对数学知识当中的重点知识的理解是明显不够的，究其原因就是当前的小学数学的学习任务过重，导致小学生对重点知识的理解不到位，在这种情况之下，我们就可以利用微课这种教学模式了。在利用微课之前，需要小学的数学教师仔细地对数学当中的重点知识进行梳理，将对数学知识的学习变为一种系统的过程，然后将其做成短视频输出给小学生，这样的微课教学模式一定会在极短的时间内被小学生接受，从而完成数学的重点知识的学习。另外，在传统的小学数学的教学中很少具有重点知识教学的循环过程，即便有也不过是匆匆的几遍而已。但是微课教学方式将这一点进行了完全的颠覆，小学生可以在课堂上或者课堂之外的任何场所对这些重点、难点的知识进行学习和巩固。因此，在重点、难点教学中进行微课的应用，是能够使其快速地融入小学课堂当中的。

3. 利用微课拓展教学空间

通过对目前国内的小学教育进行取样调查之后我们发现，其实在这些小学的数学课堂中很少进行延伸性教学，其主要的原因就是小学的数学课堂上的空间是比较小的，在这样紧迫的时间与空间的限定之下，小学生在学习数学的时候，无论是时间还是空间都是明显不够的。所以，对于小学数学教师来说，这项任务其实是比较艰巨的，需要其在课堂上为学生拓展出更多的空间进行数学的学习。例如教师可以将微课教学的方式进行合理的布局，这样不仅使得其与自身的教学结合起来，还将课堂中的知识进行了总结和归纳，小学生学习起来势必会产生一种事半功倍的效果。

三、微课教学与小学数学课堂的结合

众所周知，对小学生的知识教学其实是比较难的一件事，尤其是小学数学的教学，因为在小学数学课堂中，如果小学生疏忽了其中一处，就会在之后的课堂学习中犯难。于是在这种情况之下,微课的教学方式应运而生,如果可以让微课的教学方式与课堂进行良好的结合的话,就能够将目前小学数学课堂中的诸多问题规避掉。所以在这里,我们对两种微课的利用方式做简要介绍:

1. 引导小学生的思维

小学生的思维一般都是比较活跃的,因此在利用微课进行教学的过程中就要对小学生的思维进行一定的引导。例如在课堂上的微课教学中,教师可以提出一些具有方向性的问题,然后让小学生们进行讨论并解答。这不仅在教学的过程中对小学生的思维进行了引导,还解决了有关数学问题。

2. 营造学习氛围

传统的小学数学课堂一般都是比较枯燥无味的,在这种课堂氛围中进行学习,学生的学习效果往往并不是很好。所以教师可以利用微课的教学方式进行学习氛围的营造,小学生在这种氛围下进行学习,效果也是非常好的。

综上所述,我们总结了一些在传统的小学数学教学模式中存在的问题及其弊端,并且针对这些问题和弊端进行分析,然后提出了一些相关的微课教学方式,以便能够快速融入小学数学的课堂当中。总体来说,我国目前小学数学的教学还是存在一定的问题,希望这项工作能够在微课教学方式的兴起之下得到一定的发展。

浅议小学装饰画的教学与思考

陈　锐

当下小学美术教育在内容上注重生活化、趣味性、实用性及创造性，而装饰画恰是在丰富的生活经验上做合理的夸张、巧妙的变形来表现美好的事物。将装饰画融入小学特色美术教学中去，充实学生的美术表现形式，锻炼学生观察世界的能力和造型表现能力，最终学以致用，服务于生活。

笔者根据小学美术教学现状，以《立体造型上的装饰》为题，开展美术特色系列教学实践活动，宗旨是强调艺术特色，注重人文内涵，通过创造性美术手段美化生活、装点空间。在具体实施的系列教学实践中，认识到小学装饰画要以趣味性为基础，以文化汇入为内容支撑，以创造性思维为拓展方向，以提高审美并实用性地服务生活为最终目标。

一、强调装饰画的趣味性，提高学生学习兴趣

装饰画对于小学生来讲就是起装饰美化作用的画作。其实装饰画作为一个独立的艺术门类，有它特有的语言和词汇。它与写实绘画不同，也并不属于单一的图案纹样。它更是一种风格，在其他绘画种类中有所渗透，也可以用不同的绘画材料来表现，从这个意义上来说，装饰画的表达是很自由的，很适合小学阶段的美术教育学情，即便这样，在具体的装饰画教学中，也会面临怎样提高学生兴趣的根本问题，那从源头上说就要看怎样提高装饰画中属于小学生的趣味性。

1. 将装饰画语汇简单化，去除学生畏惧心理，易于学生掌握与表达

装饰画有较复杂的语汇，对于小学生来说，全盘掌握与综合应用这些语汇是不可能的。小学美术涉及的绘画因素一般以点、线、面、色、肌理等为主，作为教师只能选择适合不同年级的语言表达。例如在低年级可以倡导点、线、面、色、肌理等的抽象表达，而在高年级装饰画创作中可以尝试线的复杂排列或四方连续等图案设计，每一次的创作只要有目的地使用一种装饰语言即可，在降低难度的同时，提高画面的装饰性，让学生在自信而有成就感的创作过程中体会创作装饰画的趣味。

2. 将装饰画表达形式多样化，直接体现装饰画的趣味性，调动学生学习兴趣

装饰画可以说是形式最为丰富和自由的一个绘画门类。笔者将装饰画移植到立体造型上，突出以立体造型为载体的形式，并形成系列教学，具体包含沙瓶画、装饰杯、面具画、蛋壳画、挂盘、烙画葫芦、马勺脸谱、折扇画等形式。这么多样的载体需要用不同的材料、不同的方法、不同的语言进行创作，这个过程本身已极具趣味性，学生会充满兴趣地积极参与，体现自我。

3. 丰富装饰画内容及题材，强调装饰画的文化汇入，尤其是中国传统文化的渗透

任何绘画都是内容与形式的结合体，装饰画也不例外。仅有形式的装饰画或许也有强烈的装饰感，但这还不够，有内容的支撑才能更显丰富与完美。新课标倡导关注文化与生活的基本概念，指导教师要将文化与生活带进美术课堂。系列教学《立体造型上的装饰》在突出形式的同时更为注重文化汇入，尤其是对中国传统文化的关注。例如烙有梅、兰、竹、菊四君子的葫芦，绘有镇守四方的青龙、白虎、朱雀、玄武四神兽的挂盘，绘有脸谱的马勺，彩绘蛋壳年年有余（鱼）等，这些中国传统文化走进装饰画的世界里，提升了装饰画的趣味性与文化内涵，调动了学生的兴趣，极大地满足了学生的好奇心与求知欲。

二、强调装饰画的创造性思维，提高学生感知力

装饰画在创作过程中可以以自己对客观世界的把握和理解为根据，根据自

己的经验、知识和感受方式取舍素材，从而完成或想象、或渲染、或夸张的艺术创作。然而，小学生们的知识积累往往不够丰富，但他们有强大的感受力和求知欲，有出色的想象力。要想发展他们在装饰画中的创造性思维，有以下两种方法：

1. 引导学生感受自然，拓宽学生知识面

新课标要求美术教育面向全体学生，重视对学生的个性发展与创新精神的培养，最大限度地开发学生的创造潜能，引导学生观察、探究和发现，在自主学习、自主实践的过程中，展现自我，体验成功的喜悦。大自然是一个丰富多彩的知识库，它为学生的艺术创作提供了天然的素材，例如可以通过研学活动带领学生走进大自然，实地、实景地观察、体验，可以写生或拍照，让学生真正感受到自然的气息，引导学生去探究大自然的知识库，并形成知识积累，捕捉自然界中物体的艺术特征，为课堂创作做铺垫。同时，让学生们在大自然这个课堂中真实地发现美、欣赏美、创造美。

2. 引导学生发挥想象力，培养学生的创造性思维

美术活动中充分发挥学生的想象力，教师要为学生创设环境，通过多种途径引导学生审美情感的体验，培养学生的创造性思维能力。

装饰画创作是形象思维，指导创作过程中重要的是要从学生的心理特征出发，培养学生对美的感受能力、想象能力、创造能力和表达能力。在这个过程中，重要的是教师要做学生艺术创作的引路人，引导学生在绘画主体的基础上进行大胆的合理的想象，用创造性的语言、手法、材料去表现他们的内心世界。教师对不同风格、不同表现手法、不同结果的作品都应该给予肯定和鼓励，以提高学生的自信心，促进学生的个性发展。

三、强调装饰画的实用性，提高学生审美能力

装饰画的起源可以追溯到新石器时代彩陶器中的装饰纹样，如动物纹、人纹、几何纹等，后期发展到帛画艺术、洞窟壁画、宫殿壁画等。这些从古至今的装饰画无不来源于生活，又服务于生活。怎样将装饰画最终与实际生活感悟相结

合，装点生活、服务生活，是装饰画教学的目标。

1. 丰富学生生活经验，引导学生体验生活

美术课程应着眼于学生对美术能力与人文生活的整合发展，使学生在美术知识与技能的掌握和情感、态度与价值观的表达等方面，都能得到全面发展和提高。在教学实践中，教师合理地借用生活化教学手段，对于学生审美能力的培养是具有促进作用的。具体来说，教师要善于将课堂中所教授的内容与生活实际联系起来，吸引学生发现美的眼球，并且逐步地培养他们主动观察的意识。比如可以将各种盆栽搬进教室，在美化教室环境的同时提醒学生多留意观察它们的特征与变化，方便课堂创作中装饰纹样的提炼设计。

2. 提高学生审美，将来源于生活的素材经过创意装饰回馈生活

首先，要加强对学生美术欣赏能力的培养，锻炼出一双善于发现美的眼睛非常重要。美术欣赏是指观察者运用记忆、知识、经验，对现象及作品进行感觉、体验、分析、判断，从而获得审美享受和美术知识的过程。其次，要主观地对学生进行审美教育。审美意识和能力将是伴随学生一生的财富，培养的过程也不是短时间的工夫，而是一个长期的潜移默化的过程。再次，审美与教学实践相辅相成，只有教师不断地改革和创新教学内容，才能为学生审美能力的培养与锻炼提供更加宽广的发展平台；同时，只有提高审美能力，才能将来源于生活的素材进行提炼和加工，创造出富有美感的装饰作品来。事实证明，立体造型上的装饰系列教学实践，学生的每一件作品都是装点生活空间的装饰品，使美术活动为生活服务，体现自我价值，对于每位学生来说都是意义深远的。

探索适合小学阶段的装饰画教学不仅要重视形式的趣味变化，更重要的是要有创造力的人文整合，只有紧密联系生活实际的艺术才是最有生命力的。

浅谈现代教育信息技术在小学科学课堂教学中的作用

宁毓鹏

现代教育信息技术的迅猛发展,为小学教育教学提供了诸多优质的教育资源。尤其是电子课本、微信、微课和多媒体课件制作等信息技术已广泛应用于各学科的教育教学中,有效地改进了教师教与学生学的方式。教育信息的现代化,已经成为学校教育教学课改的一种趋势,也越来越受到广大教师的欢迎。现代教育信息技术与课堂教学有机融合,不再只是课堂上辅助教学的工具,而是要从根本上改变传统的教学观念与教育方式。那么,现代教育信息技术在小学科学课堂教学中有什么作用呢?笔者认为,主要体现在以下三个方面。

一、采用电子课本,让小学科学课堂充满活力

充满活力的课堂是富有感染力,能激发学生的学习兴趣和求知欲的课堂。它不仅要求教师有激发学生学习兴趣的教学技能,还要求有能引起学生产生学习欲望的教学资源。近年来,科大讯飞研发的电子课本是一种成功的教育教学资源。电子课本首先解决了学生教材用书不足的困难。由于过去 3—6 年级采用的是循环教材,难以保证班级每位学生人手一册教材。为了解决这个问题,我事前在每个班级安装了畅言教学系统,采用电子课本进行教学,让学生们从大屏幕上看到教材,有效地改变了学生教材不足的问题。其次,电子课本中应用现代信息技术手段辅助教学,将融图、声、光为一体的多媒体技术引入课堂,使原有纸质教材上静止的图形变为动态的图像,充分调动了学生的听觉和视觉器官,从而

激发了学生学习科学的热情。电子课本中形象逼真的Flash动画以其色彩丰富的图画、美妙动听的音响效果、灵活多变的动画设计像磁铁一样吸引着学生。与此同时,电子课本中的模拟实验视频也使科学课的教学更形象生动。如我在教学五年级《太阳和影子》一课时,如何让学生记住太阳位置与影子的方向、长短的关系呢?课堂上用手电筒光来演示还不能直观地表现,外出观察太阳一节课也不能看到早上、中午、傍晚三个时段的变化。这时,我打开电子课本这一课的Flash动画,形象地概述了全天太阳位置和影子的变化全过程,使学生能直观地看到太阳高度、方向的变化,引起影子的方向、长短变化的规律,能清晰地显示太阳的位置与影子之间的关系。这既克服了由于天气条件限制的困难,又能让学生通过实验比较直观地掌握太阳位置与影子的变化规律,活跃了学生们的思维,丰富了他们的想象,有效改变了课堂死气沉沉的局面。

二、运用微信、微课,让学生的学习自主性得到加强

现代教育信息技术是以数字技术为依托的多媒体技术和网络技术。微信、微课都是其中的表现形式。微信是近年来运用网络技术的最广泛的一种形式。在教学中,我充分利用这一成熟的技术并与微课相结合,构建了小学科学课堂上学生自主学习的一个新平台。我首先在班级建立了学生家长微信群,然后采用"翻转课堂"的形式来进行教学。对于一些重点科学知识,我制定了有明确的教学目标,时间在5—10分钟以内,内容短小,集中说明一个问题的微课程,发到微信群中,让学生在家先预习,再在课堂上进行教学。这种"翻转课堂"形式,颠覆了传统的"教师讲,学生听"的教学模式,真正体现"以学生为中心"的新的教学理念,引导学生自主学习。

微课制作要从学生的实际学情出发,不能哗众取宠。在制作微课时,我除了认真研读《科学课程标准》外,还要精准把握课堂教学的内容,紧紧扣住课堂教学讲授的科学知识点,既有教材解读、题型精讲、考点归纳,也有方法传授、教学经验等技能方面的知识解读和展评。例如,我在教学四年级科学《一切都在运动中》一课时,判断物体运动的标准,也就是参照物的理解是关键。因此,事前我制

作了有关“参照物”的微视频发到学生家长微信群里，让学生在家观看并自学。学生由于在家自习了什么是参照物，因而在第二天课堂教学时，学生对物体的运动理解也容易多了。在这种形象的、具体的、典型的教与学情境中，能够提升学生学习的高阶思维能力，同时也能使教师的教学观念和技能得到迁移和提升，形成自己独特的教学风格，从而有效提高教师的课堂教学水平，促进教师的专业成长。

三、巧用展示平台，让小学科学课堂变得更精彩

在《新课程标准》的指导下，课堂教学发生了巨大的改变，也有效地推动了教师教学方式和学生学习方式的改变，正实现了教师教与学生学的互动。实物展示台作为一种新型教学平台，能让教师比较容易地将思维过程直观地呈现给学生，学生也可以通过它将自己的学习过程呈现到课堂上，拓展了科学课堂教学中的师生互动空间。

首先，实物展示台具有形象、生动、直观的特点，在科学课堂教学中具有独特的优势，为科学课的教学注入新的活力，带来了生机。例如，我在教学《导体和绝缘体》一课时，在预测实验材料的导电性时，对于学生汇报的内容，我让他们直接用笔画在纸上，然后再用实物展示台来进行展示汇报。这样的汇报效果更加快捷，而且学生的兴趣一下子提高了，都积极地要到前面来展示，课堂的气氛变得更加和谐与开放。

其次，实物展示台还可以运用于展示学生作业、操作演示、实物展示、展示设计学生梯度练习题组，提高练习的效率，培养学生的注意力和空间想象能力，激发学生学习科学的兴趣，打造出高效的课堂教学。展示教材中的例题、资料或者教师自己设计的有梯度的练习题组等，节省时间，增加课堂容量，学生有充足的时间独立或者合作思考完成。展示学生活动记录，可以增强学生的自信心。有些学生觉得学习科学课枯燥乏味，特别是在学习科学知识时，很容易产生厌倦心理。如果在课堂上能及时地展示他们的活动记录，并且给予表扬，就可以充分调动他们的学习积极性，进而增强他们学习科学的自信心。

再次，运用实物展示台来做一些判断纠错题的练习。分析错题也是理解知识与解法的一种有效方法。我常用实物展示台把学生的错题分类展示出来，让学生认真观看，找一找出错的原因，然后引导学生进行讨论和交流。这样不但调动了学生的学习热情，而且加深了学生对错题订正的印象，从而筑牢了学生对科学知识的理解。我在教学中，还常常将一些科学知识以判断和纠错题的方式展示出，在全体学生练习的时候，我有意让平时学习有困难的学生在展台上多练习，多给他们一些机会。这不仅可以了解学习有困难的学生的学情，又给了这些学习有困难的学生获取成功的快乐。实物展示台作为一种现代教学工具，与多媒体课件互相配合使用，再加上传统教学的优势，已经成为一种全新的多媒体教学形式，从而激发了学生学习科学的兴趣，也使科学课堂教学变得丰富多彩起来。

总之，运用现代教育信息技术，可以在继承传统教学优点的基础上，为学生提供更宽松的学习环境，促进了教学方式、学习方式的改变，使教学真正达到因材施教、发展个性的目的。现代教育信息技术在小学科学课堂教学中的运用，也使学生按照自己的认知水平，主动参与，充分调动了学生学习科学的兴趣，从而培养了他们自主学习、合作学习、探究学习的好习惯。

庐江县汤池镇松元小学

小学数学几何图形教学现状与对策探究

张　钰

一、引言

和代数数学相比,几何数学更加直观,对学生的空间想象能力提出了更高的要求,这也是小学阶段几何图形教学中的重点和难点。笔者根据多年的一线数学教学经验,指出了当前小学几何图形教学中存在的一些问题,并提出了有效的改进策略。

二、小学数学几何图形教学的重要性

几何图形教学是小学数学学习中的重要内容之一,也是未来学生步入中学、大学以后需要重点学习的内容。小学阶段正是学生们培养兴趣,树立积极健康的人生观、世界观和价值观的重要时期,学习也是如此,在小学阶段打好基础有利于以后学习的目标更加明确。小学教师是学生在小学阶段除了父母之外接触最多的成年人,教师的教学对学生具有重要的引导作用,因此在几何图形教学方面,教师的水平在很大程度上决定了学生学习基础的好坏。

当前,几何图形在社会各行业中的应用越来越多,上到建筑设计、城市规划,下到日常生活用品的形状设计,都需要设计者对产品外观有精确了解和掌握。学生从小学阶段就打好几何图形学习的基础,以后在从事相关工作的时候和他人相比会具有优势。另外,几何图形的学习有利于提高学生的空间想象能力,培

庐江县汤池镇松元小学

养发散思维的能力，对学生的成长大有好处。

三、小学数学几何图形教学中存在的问题

1. 忽视逻辑关系

数学这门学科最大的特点就是逻辑十分严密，该特点在数学几何图形学习中得到了很大程度的体现，比如对某一图形中两条边是否垂直或者平行的求证。小学生正处于心智发展的重要阶段，孩子的天性充分释放，很难进行系统性性、规范性学习。所以对小学生进行系统、规范的教学不大现实，这一点和初中、高中的学生具有很大的差别。小学的数学教材中，每一册都有一到两章的图形教学，教学内容设置也决定了不适合采用系统教学方式，学生若想单独复习几何方面的内容，就要联系相关知识。所以在进行新内容的讲解时，教师要帮助学生回忆之前的知识，并与当前要学习的知识相结合。以《多边形面积》为例，在讲有关平行四边形面积和三角形面积的几个知识点时，教师可带领学生迅速回忆之前学过的《正方形和长方形》《面积》《平行四边形和梯形》等内容，将学过的知识点和将要学习的知识点结合在一起，建立整体性的逻辑体系，提高教学效果。

2. 机械性的教学方式

目前，小学阶段的教学方式很多依然是以照本宣科地念教材内容、训练做题为主，当前教材是根据小学生的认知水平编制的，从感知到理论最终到习题设计的编排顺序也是循序渐进的，教师应该注重提高学生的主观能动性。小学生还处于比较感性的阶段，教师要灵活地运用教学方式。以《认识圆》为例，教材中的圆比较常见，而且只是在书本上比较常见，这种内容很难让学生真正认识圆。因此，教师可以给每个学生准备不同的圆形物体，比如足球、玻璃球，让学生们在课堂上进行分享并介绍各自拥有的圆形物体的特点和结构，然后教师可以从中选择几个有代表性的圆形物体，来解释圆的概念和特点。学习圆的周长时，可以先让学生用自己的方式测量出圆形物体的周长，最后教给他们计算周长的公式并对其得到的结果进行验证。虽然学到的都是教材上的内容，但是这种方式更加灵活和新颖，有利于调动学生的积极性，提高教学质量。

3. 忽略了学生的自主创新能力

当前施行的《新课程标准》要求教师在教学实践当中要注重提高学生的自主创新能力和意识。数学的有趣之处在于,尽管每道题都有固定的答案,但是得到答案的方法不是唯一的,解题方法多种多样。因此,教师要培养学生的发散性思维。目前国内实行的应试教育体制严重阻碍了学生创新能力的发展,教师在教学过程中教给学生的解题方法大多是以简便算法为主,这样有利于学生在应对考试时快速得出答案并提高解题效率,不过长此以往容易限制学生的思维创新,养成僵化的思考方式和做事总是寻求捷径的行为,不利于学生的成长。

四、小学数学几何图形教学对策分析

1. 解读图形

小学数学中涉及的几何图形一般都是比较简单的图形,很基础,因此学生一般能够快速地辨认出图形的形状。小学高年级开始涉及有些复杂的组合图形,需要教师提高学生对图形的解析能力,根据小学生的认知发展规律,随着学生年级的逐渐升高而不断地提高知识难度。教师也可以按照观察或者动手实践的方式,引导学生利用尺规工具测量和计算图形,通过这种方式进行图形解析。要给学生足够的时间来理解几何图形的构成,帮助学生在自主探索中挖掘问题出现的原因,使学生更加深入地了解数学概念和数学图形是如何构成和应用的,应该用什么办法解决数学问题。以下面的两张图为例,这两张图看上去十分相似,其实不然,图 1 是正方形在外面,圆形在里面,图 2 则是相反。课堂教学过程中教师要引导学生认识图片的差异,再要求学生自己动手在本子上画出图形并计算两个图形的面积,这样既有利于学生回顾学过的面积计算公式,也提高了学生的图形拆解能力。

2. 实现几何图形教学的生活化教学

我们的日常生活中存在着很多的学习资源,各种各样的几何图形是小学生进行实践锻炼的重要素材。在教授有关几何图形的知识时,教师要鼓励学生对日常生活中出现的各种生活用品的形状和结构进行总结分析,激发学生对几何

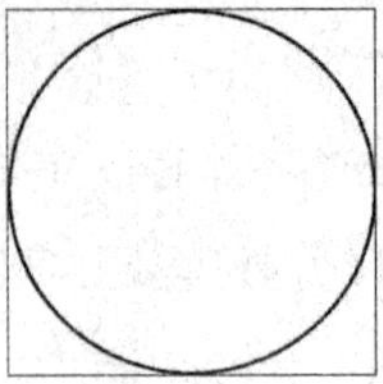

图 1

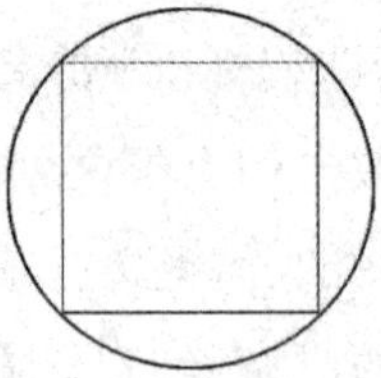

图 2

图形这一内容的应用能力,可以做到学以致用。比如学习三角形时,教师可以让学生在预习三角形的基本概念之后,举例子说明生活中哪些生活工具或者常见的建筑物是三角形的(如风筝、晾衣架、三明治、屋顶等)。然后教师在纸上画出各种三角和非三角的图形,制作成卡片并进行分组,让学生根据不同三角形的特点进行分类,比如分为直角三角形、等腰三角形、等边三角形,最后由教师对学生的分类结果进行检查,并告诉学生为什么这些东西往往都采用三角形的结构,让学生了解三角形更加稳定的设计原理,调动学生的学习积极性,也使其感受到和同学们共同协作的优点。

3. 将教学游戏化,提高学生的动手实践能力

小学生正处于对未知世界不断认识的阶段,爱玩、充满好奇心是学生的天性,在教学过程中融入娱乐性的游戏内容有利于将枯燥的教学知识点呈现得更加有趣,从而提高学生的学习积极性。心理学的有关研究结论表明,要想促进学生的个性发展,就要让学生亲身参与到实际的实践活动当中,进而实现学生综合素质的全面提高。以《几何图形初步认识》为例,教师可以带七巧板给学生,将学生分成几个小组,采用游戏化教学方式,比如同一套七巧板分给不同小组的学生,由教师喊某种图形的口令,比如在喊到梯形的时候,拥有不同形状七巧板的同学可以迅速地将自己手中的图形和其他图形组合在一起,进而得到图形并提高学生之间的配合度;又如在学习轴对称图形时,教师可以让学生在规定的时间内,写出左右对称的汉字,看谁写得又快又多。

4. 提高教师的自身素养

小学教师对学生的成长具有十分重要的引导作用,教师自身的素养对学生的发展十分关键,因此教师要严格要求自己,不断地提高自己的综合素养。首先,教师应该重视自身素养,认真研读相关课标要求,在教学过程中努力地发掘教学技巧,并培养学生的几何直观观念,在日常的教学工作当中多多鼓励学生进行交流,根据学生的认知特点因材施教,在教学过程中不断完善自己的教学风格,应用多元化的教学策略来满足不同学生的学习要求,不断丰富自己的理论知识,适当地学习有关心理学的内容,在充分了解学生年龄特点的基础上进行教学,促进学生学习兴趣的全面提升。

五、结语

几何图形是小学阶段教学的重点和难点,但是该部分内容无论是对学生的实际生活还是今后的数学学习都是十分重要的。教师要结合该阶段学生的认知发展特点,不断丰富自己的教学方式,提高学生的学习积极性,从而为未来更好地学习打下良好的基础。

新理念下"综合与实践"高效课堂的策略尝试

宋锦霞

小学数学中的"综合与实践"是指一类以问题为载体、以学生自主参与为主的学习活动。在学习活动中,学生将综合运用所学的知识和方法解决一些简单的实际问题。布鲁纳曾说:"学习最好的刺激是对所学材料的兴趣,要想使学生上好课,就得千方百计点燃学生心灵上的兴趣之火。"如何引起学生的学习兴趣,高效营造"综合与实践"课堂,真正实现实践之目的?能否将微课、"翻转课堂"等"时尚新贵"融入传统教学,从而真正达到"高效"?本文以"综合与实践"课为研究对象,通过自身的教学实践及案例分析,试对以上问题进行探究、阐述。

一、营造"综合与实践"高效课堂,离不开"翻转"理念

小学数学中的每一个"综合与实践"都被安排在一个单元的最后,这样既能体现数学与实际生活的联系,又有助于学生体会用科学方法分析和解决问题的一般过程,不断增强用数学眼光观察和理解日常生活现象的意识,加深对数学学习活动多样性与数学学习方式丰富性的认识。因此,"综合与实践"是学科课程,因为它以数学知识为前提,但也可以定义为活动课程,因为它是单独的学习活动。作为综合体,要实现高效,并不简单,主要原因可以从以下两个方面进行分析:

1.学生的难处。在学习活动中,学生难免会遇到困难和困惑,尤其是在逻辑性较强的数学学习活动中,一旦学生缺乏某一方面的知识或方法,就会产生不安

或躲避的心理,从而降低学生的学习积极性。在“综合与实践”学习活动中,学生的难处一般表现在以下三个方面:一是“一见即否”的意识,表现为面对“综合与实践”这一学习活动无从下手;二是知识运用不足,表现为在活动实施过程中对知识整理或运用有缺失且凌乱混淆;三是能力不足,表现为动手实践、团队协作能力薄弱。在实践活动中,对小组内其他同学已收集到的数据照搬且未及时“刨根问底”,在小组成员分工时存在薄弱环节,缺乏必要的过程性保护。

2. 教师的困惑。面对“综合与实践”,数学教师都明白它是一项综合性很强的学习活动,因此会分组进行,指导过程,交流结论。但事实上,每个“综合与实践”活动操作起来都相当复杂。如果教师重视不足,或是对学生的学习活动没有精加工的指导,单以统一的形式将活动的目的、要求和过程中需要注意的地方呈现给学生,会导致学生在活动过程中遇到诸多问题且难以解决。再次,以完成知识重难点为唯一教学目标,忽视或粗略解答学生遇到的难处,难以实现学生多方面能力的培养。以苏教版五年级下册“蒜叶的生长”为例,面对三种不同环境下蒜叶生长的实验,且为“长作业”性质的综合与实践活动,学生无所适从,这就需要老师的及时指导。但站在老师的角度,他所面对的是几个小组,每个组的实验里有三个环境需要处理,且都长达 20 天,单靠老师一人,恐怕难以达到真正的高效。

学生的难处有显性也有隐性,而教师又难以做到全面覆盖,这是传统教学模式难以解决的问题,因此迫切需要被打破。约翰·杜威曾提出,“从生活中学习”“从经验中学习”,那么,我们不妨来尝试课堂内外的翻转:在“综合与实践”活动中,将学生的自主活动放在课下,以便不断产生经验,再从经验中不断学习,宝贵的课堂时间用来展示活动成果,共同研究并解决问题,教师也有更多的时间对学生进行细节上的指导。

二、“翻转课堂”,完美实现高效性

要实现课堂的高效性,必然要完成课堂教学的多方位目标,对于“综合与实践”课堂而言,要实现学生小组活动的有效性和教师对小组活动的组织及指导的有效性。那么现在面对的问题是，如何实现以上两方面的有效性？

仍以“蒜叶的生长”为例，笔者在教学过程中，利用平行班，分 A、B 两组开展学习活动，活动的主要环节如下：

表 1 “蒜叶的生长”活动主要环节安排表

分组	传统课堂（A 组）		翻转课堂（B 组）	
	教师活动	学生活动	教师活动	学生活动
活动主要环节	1. 指导分组，明确任务，提出要求	1. 分组，明确自己的任务	1. 提供微课视频，布置任务，提出要求	1. 分组，明确自己的任务
	2. 指导小组进行实验，引导学生观察大蒜的生长情况，合理记录数据并制成相应的统计图。	2. 持续观察大蒜的生长情况，记录数据，制作统计图	2. 组织学生讨论交流	2. 自主观看微课，学习活动过程，并按要求完成自己的任务
	3. 组织学生讨论交流	3. 课堂上全班汇报总结，小组反馈小结，个人巩固练习		3. 持续观察大蒜的生长情况，记录数据，制作统计图
				4. 课堂上全班汇报总结，小组反馈小结，个人巩固练习

根据上述分组实验，调查后得到以下几个参数：

表2 “蒜叶的生长”活动调查数据表

组　别	A　组	B　组
学生参与度	69%	100%
所用课堂节数	4	1
教师指导天数	18	6
制图准确率	60%	99%
语言表述能力	一般	良好

在上述教学案例中，A组和B组采用的是完全不同的教学模式：A组决定权在教师那里，B组决定权已完全转移给学生。单从有效性来说，显然B组远胜于A组。从表1和表2综合分析可以看出，教师指导的有效性作为前提，与学生活动的有效性一脉相承，而学生活动的有效性与其自主性、合作能力密不可分。

在“综合与实践”中，既要保证教师指导的有效性，又要促成学生活动的有效性，即实现课堂的高效性，需做到以下两点：

1. 教师——“翻转课堂”的指挥棒

“综合与实践”活动的开展，仅靠学生的自行探究，会导致活动的步伐变得凌乱不堪，学生有时还会感到力不从心，因此它离不开教师的有力指导。教师的责任诚如陶西平同志曾指出的：教师是“伯乐”，伯乐善于相马，教师也要善于了解每一位学生的个性。因此，教师的指导形式不可单一，应呈现多元化。在“蒜叶的生长”活动过程中，教师对学生进行分组是直接性的指导，而制作微课，让学生根据微课内容开展活动便是间接性的指导。直接性的指导，能让学生快速进入状态，明白该怎么做，但存在一个缺点：学生面对教师时会变得不善于表达自己的观点。在间接性的指导下，学生会全身心地投入活动，反复观看或练习，直到完成任务，另外，同学间的表达显得更自然。合理搭配指导形式，是走向“翻转课堂”的前提。

指挥棒的有效区域几乎只在棒尖的那个点上，并且仅仅通过手腕的移动就可控制。要让所有学生有效参与到活动中，教师不仅要对学生进行精简的指导，还应注重实践活动的细节并将解决问题的方法简单化。如三年级下册“算‘24点’”,这一内容被安排在“混合运算”单元之后,其目的是进一步加深对四则混合运算的理解,开展活动,有助于学生更加灵活地进行计算,提高参与活动的积极性。在活动中,不是将求“24点”的解决方法归结于加减乘除的混合运算,而是总结为使之出现形如“1×24”“2×12”“3×8”“4×6”等简单的情况并加以解决。

2. 学生——分工协作,共奏一曲

“综合与实践”活动的开展,既需要学生具有自主学习能力,又需要学生具有合作能力。离不开小组成员的分工协作,因学生之间的个体差异,每个小组成员负责不同层次的活动内容,在此基础上形成统一的认识。例如苏教版六年级的“绘制平面图”,在测量选定场所之前先进行合理分工,其中2—3人测量,1—2人记录,1人检查核实,在实际测量时,互相配合,把测量的数据记录在数据记录表中。接着,小组成员共同选定比例尺,讨论其合理性,并计算出图上距离。最后根据计算出的图上距离,按所选的平面形状、位置关系在课本上绘制平面图。活动中的每项内容,都是不可缺少的部分,需要学生独立地进行下去,这是培养学生的重要能力之一。而数据的整理和分析都是小组成员共同参与的成果,这也是培养学生的重要能力之一。因此,分工协作是独立与合作有机统一的合理体现。

三、反思过程,优化“综合与实践”课堂

综合与实践是对一个学习领域的总体称呼,《标准》在第一阶段里规定该领域的主要内容侧重于实践活动,在第二阶段里规定该领域的主要内容侧重于综合应用。这里的分段并非严格的界定,但我们可以从中把握两个关键特征:其一,综合与实践的一个重要目标就是要引导学生去感受和体验数学与外部世界之间广泛而又丰富的联系。外部世界,既指其他学科,又指日常生活。其二,第一阶段和第二阶段的区分主要是鉴于学生认知水平的不断提升和经验的不断积累。苏霍姆林斯基曾说过:“教育者的个性、思想、信念及其精神生活的财富是一

个能激发每一个受教育者检点自己，反省自己和控制自己的力量。”说到底，教师和学生都要进行反思，反思过程与上述两个特征之间有着密切的联系，具体表现如下：

1. 横向反思，提升文化素养

每一次综合与实践活动的开展，对于学生和老师而言，都是数学知识与其他学科知识及日常生活的集体绽放。“我们身体上的‘尺’”，展现人身体结构中所蕴含的数学“工具”；“了解你的好朋友”，结合人际关系探索统计规律；“班级联欢会”，数学知识与日常生活相互融合；“大树有多高”，利用数学知识探求大自然中无处不在的客观规律。在这些学习活动过程中，数学知识往往能诠释其他学科知识及日常生活的源与流。通过回首，体会数学与外部世界之间的联系，从联系中提取线索，让这些认识如涓涓细流般汇聚，并逐步把每一股细流融入体内，以提升自身文化素养，并使之自然流淌。

2. 纵向反思，逐步深化内容

每一个“综合与实践”，都是被安排在与之密切联系并将被加以运用的单元后面，其目的包含两个方面：一是巩固新知，二是培养能力。与此同时，综合实践活动的内容也在逐步深层次化。以“统计与概率”部分知识为例，在苏教版二年级下册中“了解你的好朋友”，主要是引导学生获得初步的数据分析观念，而在苏教版三年级下册中“上学时间”除了这一教学目标以外，更重要的是引导他们经历“提出问题——围绕问题开展调查——运用数据分析和解决问题”这样的思考过程，积累经验，感受统计的意义和价值，所以，无论是在知识方面还是在能力方面都有了更高的要求。

“形而上学谓之道，形而下学谓之器”，反思正是使“道”与“器”保持既不相离又不相即状态的关键所在。学生在反思中逐步体会，形成属于“数与代数”“空间与图形”和“统计与概率”特有的数学思想，从思想高度去审视每项“综合与实践”的内容，发现其实质，并最终内化。而反思本身，也是一种能力的培养，越是深刻地反思，越是让人倍感充实。

荀子曰，“不闻不若闻之，闻之不若见之”“闻之而不见，虽博必谬”。笔者以为，在“综合与实践”活动中，教师既要让学生自己“闻之”，更要让学生主动“见之”，方能高效。目前，就整体而言，小学生的综合实践能力还有很大的发展空间；就个体而言，其发展是一个循序渐进的过程，不可一蹴而就。针对不同阶段的特点采取相应的培养策略，历经理念引领、打破传统、反思优化等过程，让我们的教学达到事半功倍的效果。如此，学生会积聚更多的学习热情，开放心态，在数学学习中收获真正的快乐。

识字:我有我趣味

汪 洋

识字是小学低年级的教学重点,是学生提高阅读能力的基础。新课程语文教学改革在教学指导思想上特别强调了识字教学的重要性,把“识字教学重点在低年级”作为全面提高识字教学质量的重要突破口。要提高学生学习汉字的兴趣,有主动识字的愿望,这要求我们在语文教学中采用多样的教学方法,交给学生多样的识字方法,带给学生识字的乐趣。如何利用教材的优势,尽可能地挖掘孩子的最大潜能,让识字变得轻松、愉悦,使学生可以把他们的识字成果运用于阅读中,增强语文学习的兴趣,是每一位教师所面临的新课题,也是一项具有挑战性的工作。

《语文课程标准》在识字方面明确指出:“要让学生对学习有浓厚的兴趣,养成主动识字的习惯。”同时也要求小学低年级就要认识1600—1800个常用汉字,会写的字要有800—1000个。识字难,识字教学更难,连教师上公开课都避开生字不讲,觉得乏味,没有意义。怎样才能把枯燥无味的识字教学变得生动有趣,怎样才能使学生对单调乏味的汉字教学产生浓厚的兴趣,并提高自我识字的能力,增强识字的效果,这个问题一直都困扰着我。在这几年的教学中,我做了一些尝试,根据低年级儿童的心理特点,在识字教学中采用了一种趣味教学法。以趣为眼,用生动有趣的形式打开学生们的视野,调动他们的学习积极性,让学生们在愉悦的情境中、自信的心态下学习汉字。

一、识用结合，兴趣盎然

《语文课程标准》指出:识字教学要将儿童熟识的语言因素作为主要材料,同时充分利用儿童的生活经验,注重教给识字方法,力求识用结合。运用多种形象直观的教学手段,创设丰富多彩的教学情境。我想学生的姓名是学生最熟悉的语言因素,每个人的名字也都是小伙伴们愿学愿认的,何不把咱们班36位同学的名字收集起来作为识字的材料,相信学生定会兴趣十足的。于是,我就结合教室布置,把全班36位同学的名字端端正正地写在了36颗闪烁的星星里,并把它们张贴在宣传栏里。这下子,学生劲头来了,一下课就蜂拥而上,仰起头大声地读着小伙伴的名字。碰到不认识的字时,同学间还会相互帮忙,相互提醒。当找到自己的小星星时,有些小朋友会兴奋地用小手指点着自己的名字,开心地告诉大家:“我叫某某某。我的名字是这样写的!”在名字魅力的吸引下,在这种“奔走相告”的氛围中,那些原本十分枯燥的汉字变成了一个个鲜活的生命,像一颗颗种子一样深深地扎根于学生的头脑中。

是啊! 兴趣是学生最好的老师。它能调动学生的积极思维,积极思维是学生主动探究知识的内在动力。有了兴趣,学习就不再是一种负担,而是一种享受。低年级的学生天真活泼、合群、爱交朋友,最容易受情感因素的感染。因此,我们在识字教学中,应当顺应学生的心理,结合他们的生活实际,巧妙地创设各种有趣的情境,使他们饶有兴趣地投入到汉字的学习中去。

二、创编谜语，津津有味

在识字过程中,学生普遍存在着这样一个问题:有好多学生明明刚才还认识这个生字,可是只要把这个生字挪个位置,他又不知该念啥了。看来学生没有真正记住这些生字,他们只是根据生字固定的位置、大体的形状强迫自己硬记。真是难为了这些学生!

一次偶然的机会,我在一年级听课时学到一首谜语:“言来互相尊重,心至令人感动,日出万里无云,水到纯净透明。”出人意料的是,学生一改平时无精打采的样子，表现出了浓厚的兴趣，不仅猜出了字谜记住了生字，还理解了“请、情、晴、清”的意思。我恍然大悟：原来在生字的识记中引入谜语，让学生通过猜谜来学习和记忆一些生字，会极大地激起学生的求知欲。于是我就有意识地利用简单的谜语来帮助学生记忆生字。如在学习“苦”字时，我出了这样一个谜语：“一家十口住草房。”话音刚落，学生们纷纷举手发言，有的还说出了自己的猜谜方法。如学习了“田”字，我说字谜，“横看三，竖看三，写出来，不是三”；学习了“雷”字，编成“大雨落到田上”。在写“非”字时有个学生总把三横写成四横。说了几遍还是错，我灵机一动编了这样一则谜语：“一个猪槽两头通，六头小猪两边拱。”那学生一听有趣极了，连说记住了，此后那孩子再也没写错过。

可能是猜谜猜上瘾了吧，后来，我们班的姚欢同学还给“闭”改编了谜语：“闪字人出门，才字进了门。”博得了同学们的阵阵掌声。还有更绝的，陈双颖同学根据自己的理解还给“怕”字创编了谜语：“心里白茫茫的一片。”学生的进步真是令人欣慰！小小的一则谜语，竟能激起学生如此之大的学习热情，看来兴趣才是学生识字的不竭动力。把猜谜引进识字课堂，学生们不仅生字学得津津有味，还加深了对生字的印象，又锻炼了他们的说话能力，发挥了他们无穷无尽的想象力。

三、实践拓展，乐在其中

低年级学生好胜心、荣誉感极强，他们总是希望自己的成绩得到同学、老师、家长的认可。针对学生的这一心理特点，我坚持让学生走出课堂，在各种课外实践活动中识字，拓展了学生自主识字的空间，收到了一定的效果。

生活时时处处皆学问，生活是一本很好的教科书，让学生在生活中随处识字。生活为学生的识字提供了丰富的资源，识字来源于生活。学生作为社会的一分子，每天与各种各样的人和事打交道，这本身就拓宽了他们识字的渠道。因此，学生除了在学校学习外，还在社会上，在和家长、同学接触中，在各种图书、报纸、杂志上，甚至电脑网络中，都可以认识到许许多多的汉字。在识字教学中，我有意识地向学生灌输这样的思想：“生活即是识字。”同时，在语文活动中经常对学生进行这方面训练，例如，布置学生和家长一起去收集一些门牌、广告牌、商标、包装盒，在语文课的展示台上相互交流；指导学生在收看电视、阅读课外教材时留心常见的栏目标题或文章题目等，并且在课堂上进行汇报。在教学中我发现，对这些学习资源的开发和利用，使得学生在愉快的生活中不知不觉地认字，认识的不再是一个个枯燥的符号，而是充满生命力的活生生的字，感受到生活是识字的大课堂，会识字，就会生活，识字的兴趣进一步得以增强，识字量有了显著的提升，还提高了自主识字的能力。

四、编顺口溜，妙趣横生

"顺口溜"这种形象化的语言是比较受学生欢迎的一种形式，让学生在兴趣盎然、轻松愉快的环境中掌握生字。在课堂上，编一些顺口溜，既可以调节气氛，又可以增强学生记忆。在识字时有一些形近字，字形非常相似，像孪生姊妹一样，使人难以辨认。学生一不小心就混淆了或是容易张冠李戴。这时候，我会编几句充满童趣的顺口溜帮助学生加以区分。如"鸡、鸭、鹅"——"尖嘴鸡，扁嘴鸭，哦哦叫的是大鹅"；"外、处"——"像外不是外，多了一长带（处），处字不出头，出头到处走（外）"；又如为了区分"巳、已、己"，我编了如下顺口溜：开口"己"（jǐ），自己的"己"；半口"已"（yǐ），已经的"已"；闭口"巳"（sì），巳时的"巳"。例如，学习"忍"字，先板书"心"字让学生读，再把"刀"字写上去，并随口读出"心上一把刀"，让学生把顺口溜说一两遍。又如，学习"赢"字，因为这个字笔画较多，学生很难记住，教师可将字拆开来记，随即说出顺口溜"亡口月贝凡"，学生很快能熟记生字，并终生难忘。

通过巧编顺口溜，把学生识字过程中的难点、疑点等难关一一攻破。在识字教学中，正是有了教师的铺路搭桥，帮助学生寻找出隐含在汉字中的童趣，枯燥的识字教学才会变得妙趣横生。

五、主动识字，其乐无穷

在识字教学中，如果让学生被动地记，机械地抄写，学生会感到厌倦，只有调动学生的识字愿望，让学生逐步掌握识字的方法，学会独立识字的本领，主动识字，体会成功的快乐，才能让学生的兴趣持之以恒，让单独的兴趣变成一种心理满足。自主识字就是让学生自由选择愿意识记的字，自由选择不同的方法来记住字形。老师的引导只是体现在恰到好处的点拨上。例如，在识字教学中，我会让学生说说，这些字中哪些是你认识的？学生说出后，我会及时鼓励他说："你真行！"并问他是怎么认识的。这时学生会说出各种答案，"我是在阅读课外读物中认识的""我是在广告牌上看见后通过问父母认识的""我是看电视时认识的"等等。我就会及时鼓励："你真会识字，请继续努力！"学生听了，就会获得成功的愉悦，从而增强自主识字的信心，自主识字的愿望也会更加强烈，自主阅读课外读物的积极性也会更加高涨。再比如，我们教一些形声字的时候，像"球、拍、跳、棵"等字，可以告诉学生用声旁表音、形旁表义的特点去记它们。教学时还可以通过加偏旁、减偏旁、换偏旁等形式，让学生在识字过程中积累识字的方法。并鼓励学生在学习中大胆运用这些方法，学生的识字能力就会在实践中逐步提高，兴趣也会越来越浓。

总之，我认为识字教学千万不要枯燥无味地重复"横竖撇捺折"，在教学中加入一些趣味性效果会更好。趣味性的识字教学，激发了学生们的学习兴趣，开启了学生们的心智，激荡着学生们充满灵性的创造，让他们轻松进入"识字乐园"，寓教于乐，使识字教学达到事半功倍的效果！

浅谈语文课堂教学中故事教学的误区与策略

张文娟

《新课程标准》指出:“进行课程改革的关键在于优化课堂教学,构建新的课堂教学模式。”而要优化语文课堂教学,提高教学质量,就应该构建一个充分调动学生主观能动性、让学生自发地参与到语文的学习活动中来的课堂教学模式。这个教学模式应该让学生乐于参与进来,做到“乐听、乐思、乐学”。而故事教学法能达到这种效果。所谓故事教学法就是教师在课堂上根据讲授的内容穿插简明、短小的故事,以说明、注解、强调所讲的内容,或者干脆就用故事内容代替讲课内容,吸引学生的注意力,启发学生思考,使学生直接从故事中悟出道理,掌握其中的知识等的一种深入浅出、寓教于乐的教学方法。

然而当前的语文故事教学存在众多误区,如何认识这些误区,提高语文课堂教学提问的有效性,是一个值得我们深思探索的问题。

一、当前的语文课堂教学故事教学存在的误区

1. 所讲故事过于简单或难度太大,缺乏有效性

课堂教学中所讲故事能不能提起学生兴趣与教师所讲的难度密切相关。故事内容太深,学生无所适从,或故事内容超出学生知识的范围,学生只能面面相觑,望而生畏,无法回答;故事内容太容易,又无法激发学生的兴趣。讲故事是为了启发学生思考,不能启发学生思考的故事是无意义的。当教学内容枯燥难懂时,老师需要通过讲故事来活跃课堂气氛,引导学生去探索。这时,所讲故事就

不能过于复杂，要具有一定的兴趣性，否则就达不到引导学生融入课堂教学的目的。有些老师讲故事只是为了讲故事，表面上学生很喜欢听，但这样的故事对学生学习起不到任何的课堂教学的作用。因此，教师在课堂教学中所讲的故事，一定要精心设计，难易适度，与教学内容相适应。同时也要规避简单无意义的故事。

2. 讲故事过于频繁，学生缺乏足够的思考时间

漫无目标地讲故事，会使学生缺乏兴趣，索然无味；且准备的故事过多，随意地穿插讲故事，教师几乎是一个故事接着一个故事地讲，没有目的性，无法引起学生思考，对培养学生的思维能力十分不利。最后课堂教学就如同开茶话会，秩序混乱，学生没有学到实质性的内容。甚至有部分教师课前没有做好充分准备，为了让学生听课，只是为了讲故事，而没有针对性，故事内容也没有连贯性，使学生听得云里雾里，不知所措，莫名其妙。

3. 故事教学方式陈旧，缺少新意。

在课堂上对故事内容的设置与故事教学方式对课堂的教学效果有着直接的影响。特别是在由应试教育走向素质教育、创新教育的今天，巧妙设置故事内容，培养学生的逻辑思维能力和创新能力，是新课堂模式的最好诠释。故事内容应追求时代感，所谓时代感是指教师提问时要注重讲究感情色彩，根据不同的内容，或幽默或渲染，总之要力求通过摒弃陈旧的讲故事方式，创造开拓出一种新鲜的，能激起学生求知欲望的故事教学境界，使学生创造性思维的火花得到有效的迸发。

由于上述认识误区的存在，课堂故事教学往往无法突出重点、有的放矢，或无法发现教学中存在的问题，或无法发挥故事教学的启发引导作用，学生学习兴趣得不到激发，甚至影响到学生后续学习的积极性，因而无法实现预期的目的，影响了课堂教学的整体效益。

二、优化语文课堂教学故事教学的策略

1. 故事教学的有效性

课堂教学中讲故事不应是心血来潮、任意妄为、“捞进篮子就是菜”，而是根据教学的重点、学生的难点来准备故事。只有那些符合学生心理认知规律，能激发学生求知欲望的小故事才是有效的。从教学的角度说，教师所讲的故事不应该仅仅局限于故事本身，而应该能够引起学生思考、帮助学生理解本节课中需要弄清楚或力图说明的东西。一个故事至少应具有三个条件：第一，它必须是连贯性的，并且与课堂教学相关的；第二，它必须是能帮助学生理解课堂中需要弄清楚或力图说明的东西的；第三，它必须是与学生的认识水平相当的。语文教师要努力整理出“好故事”——故事本身除了具有趣味性，还能激发学生的探索欲望。一个好故事具有较好的拓展性，能给学生思考的空间，不仅仅停留在故事本身的趣味性上，要在提高学生学习能力和培养学生思维能力上有所建树。设计教学中需要的故事内容时，教师既要备教材，也要备学生。在教学过程中既要注重教学设计的预设性，也要根据课堂发展需要设置拓展性故事。

2. 故事教学的针对性

好奇心人皆有之，强烈的好奇心有助于培养学生的自主学习意识。因此，课堂故事教学要讲究讲故事方式，使故事讲得巧，发人深思，要力求切合课堂教学，讲求针对性，切忌无的放矢。比如三年级下册《亡羊补牢》一课可以穿插楚庄王采纳庄辛谏，改过自新的故事。而在课文讲解中穿插故事，加深对课文内容的理解，更体现教师的匠心。课文《奇怪的大石头》，讲述李四光的认真钻研的精神。许多同学能发现李四光特别爱问问题，却无法体会到他执着提问的原因。这时候，我给学生讲了一个孙中山求学的故事。孙中山就算冒着被先生体罚的危险，也依旧执着地坚持问问题。别人不解地问他为什么这样做，他说：“学问学问，不懂就要问。”对比孙中山的故事，学生自然而然能明白做学问就该执着地追求事物的真相，故事加深了学生对课文中人物的理解。这样的故事教学的运用，既创设了教学的情景，激发了学生的学习兴趣，又使故事的指向性非常明确，调动学

生自主学习的积极性。

3. 故事教学的科学性

课堂故事教学的“科学性”是指教师在课堂故事教学中所讲故事立意鲜明、准确、具体，没有“偏”“泛”的倾向，没有含混不清、模棱两可的情况。再者是所讲故事与教学内容之间及所讲故事与故事结束所提的问题之间，在逻辑关系上要保持一致，层层深入、环环紧扣，能较为充分地体现课堂教学内容的系统性逻辑性、能灵活变通，在较大程度上来发展学生的创造性思维。

4. 故事教学的启发性

好的故事教学，应具有启发作用，可以给学生树立榜样，比如陈景润珍惜时间、安培做事专心、王冕好学等等，会让学生在潜移默化中端正自己的思想。当然，这些故事会结合所学课文或学生面临的共性问题时来讲给学生听，有时也会让学生自己去讲。比如《和时间赛跑》一课会选择一些名人珍惜时间的故事。比如班上学生特别不专心，写字马虎，上课喜欢做小动作、讲话，我就会讲安培做事认真的故事。“故事中正向的解决方案使人们心中充满勇气，培养人们信念以及百折不挠的决心。”故事情节越长越曲折，越会培养孩子持久的专注力。那些历经艰险终于获得成功的故事，会让学生一起随着主人公重获新生，参与自身的成长发展。

5. 故事教学的整体性

教学过程是师生共同参与的过程，故事教学在整个课堂教学中起着引导、启发的作用，教师在讲故事过程中，需要给学生提出一些问题，或者让学生思考故事所蕴含的道理等，因此，故事讲完后，教师要做到以下几点：

(1)认真倾听学生的回答。鼓励学生回答问题，学生在回答问题过程中，教师态度要亲切温和，让学生充分发表自己的观点，认真倾听学生的回答(就算是错误的回答)，不要轻易打断学生的发言。

(2)不能急于求成，尽量让学生去表达。如果学生回答有困难，老师要鼓励学生继续思考，必要时教师适当引导或暗示，从而让学生正确理解问题，做到教师引导、学生主体的原则。在学生充分发表意见后，教师才对学生的回答进行分析并进行整合归纳。

(3)要让学生从多方位、多角度去表达自己的想法。对于故事后的问题,尤其是具有一定难度的问题,学生回答后,教师不要立刻表态“对”或是“不对”,可以让别的同学补充、纠正,表示赞同或反对,提出不同的答案,提出更佳的解答方案等等。在此基础上,教师便可“顺水推舟”,根据学生的讨论对所提的问题做出结论。

在教学中,教师既要了解、熟悉教材,又要了解、熟悉学生。比起只注重分析的语文课堂教学来说,穿插着故事教学的课堂更能集中学生们的注意力,激发他们学习的热情,加深对知识的理解和发散思考,使他们享受参与的快乐感和胜利感,从而帮助他们树立起学习的信心。比起反复的练习纠正,故事教学可以使他们在“山重水复”的探索中产生一种非掌握知识不可的心理要求,潜移默化地影响学生的行为习惯。比起单纯的说教,故事教学更加具有启发性,更易让学生接受,并从中树立正确的世界观和道德观。总之,语文课堂教学中通过故事教学能促使不同程度的学生的思维都积极活跃起来,并向纵深发展。

综上所述,语文课堂教学中的故事教学是一门高深的艺术,教师只有走出传统课堂故事教学的认识误区,掌握行之有效的故事教学方法,形成有自己特色、适合学生口味的故事教学艺术风格,才能达到最佳的教学效果。

让“好玩因素”走进数学课堂

孙小琼

数学往往给人一种枯燥无味的印象，人们往往见之头痛。其实数学能成为人类主要文明之一，从古至今有无数的数学家勇往直前地探索数学的奥秘，说明数学必然有其使人感到有乐趣的地方，著名数学家陈省身就说过数学好玩。作为数学教师，尤其是小学数学教师，我们应该想办法让数学变得有趣起来，让学生在学习中能发现数学的好玩之处，进而促进他们在数学上的学习与进步，培养他们学习数学的兴趣。

一、转变观念，让“玩”也成为学生成长的强有力的翅膀

在更多的时候，我们一直强调要教育学生认真学习，要培养学生的刻苦努力精神。当然这也是学生茁壮成长的必备条件，但是玩是孩子的天性，是孩子成长的开始，在进行教育教学活动时，我们千万不能把学生好玩等特有的天性当作学习的障碍而加以遏制，这是不利于孩子健康成长的。好玩是孩子的天性，从吸吮手指开始，玩就是他们观察世界、探索世界的主要途径，他们能在玩中形成各种能力，比如，动手游戏能培养他们的动手能力，他们的小手和小脚，在不断蹦跳当中，经长期的抓捏捶拿，变得有力了，变得灵巧了；与小伙伴游戏能培养学生的合作意识和竞争精神；挑战性的智力游戏和手工制作能培养学生的思维能力和创新能力，有很多人才就是玩出来的。

“玩”是学生在成长过程中最重要的实践经验，更是我们进行数学的教学活

庐江县汤池镇松元小学

动中需要的宝贵资源。这些经验为学生探索数学知识和解决数学问题提供了智力支持,也可从中创设一些数学问题情境等。

二、依据小学生心理特征,设计“好玩”的数学活动

学生有喜欢模仿、唱儿歌、舞蹈、听故事,好胜好奇好玩的心理特点。根据这些心理特点设计一些游戏等课堂活动,能有效引起学生探索的欲望,提高学习兴趣,调动学习积极性,提高学习效率,培养学生的各种能力。

1. 利用学生好玩的心理特点,设计课堂教学活动

利用学生好玩的心理特点,在课堂教学中设计一些游戏等趣味性课堂活动,让学生在玩乐中轻松掌握数学知识,发展学生的动手能力、思维能力和创新能力。

小学生尤其是低年级学生注意力集中时间比较短,不稳定,有趣的东西常常能吸引他们的注意力。可以根据低年级学生的好动,喜欢模仿、唱歌、跳舞等心理特点设置唱儿歌、肢体动作游戏、找朋友、送信、回家等课堂教学活动,寓教于乐,这样能有效地帮助学生进行直观思维活动,在运用身体各种感官的过程中,眼、口、手、脑并用,能较长时间地维持学生的注意力,增强学习效果。比如在学习 9 的乘法口诀时,从左到右,依次把 10 根手指中的一根手指弯曲,其余 9 根手指伸直,分别表示 9 的乘法口诀当中的 9 句口诀,这样边背诵口诀边做动作,既能帮助学生记牢乘法口诀,又能提高学生的学习兴趣。在学习上下左右的位置时,可让学生依口令做手指左右眼、左右耳、左右腿等动作,或者让学生做能区分左右上下不同方位的体操,这些小游戏能让学生玩得开心,又能帮助学生熟练掌握方位。

其他的如利用华容道及其改编游戏学习平移、做一些剪纸游戏或设计最精美图案等来学习对称等等,这些都是学生喜欢的活动,在帮助学生理解数学知识的同时能让学生体会到数学知识在生活中的应用,感受数学的美和乐趣。

2. 利用学生的好奇心和好胜心设计教学活动

学生的好奇心和好胜心是很强的,如果教师能在课堂教学中抓住学生的这

一心理特点，设计一些游戏活动，就容易激发学生探求新知的欲望。例如学习2的倍数时，开始可让学生找出能被2整除的数，并报出来，然后老师能很快判断是否真的能被2整除。在学习两位数加两位数的有趣计算时，可以让学生随意指出课件上的两位数加两位数算式，老师都能快速地给出答案。像这样规律性的数学知识，如果老师以恰当的方式呈现出来，很容易激起学生的好奇心，从而激发求知欲望。在学习概率知识时，可拿出简易的俄罗斯的转盘游戏，让学生在玩游戏的过程中发现庄家总是赢，产生好奇心，萌发一探究竟的欲望。此时引导学生探索概率的知识，学生的注意力高度集中，兴趣倍增，能调动思维积极地探究新知，从而培养了学生的探究能力。利用学生的好胜心理设计竞赛小游戏，如在加法练习中，可让学生用扑克牌做抓点游戏，这个点老师可以根据练习的需要设定为一个数字，如30，小组中哪个学生抓的牌先凑成30点为赢，这样能将原来比较枯燥的加法练习转变为学生乐此不疲的竞赛游戏活动，提高学习的积极性，也锻炼了学生快速运算能力。

三、挖掘数学中的好玩因素，创设问题情境，在探索数学知识的过程中，渗透数学思想

教师应让学生发现数学的好玩之处，数学课的好玩之处，这就需要教师去挖掘数学当中的好玩因素，让数学成为学生的乐园之一。古今中外的数学游戏充满趣味，许多数学知识本身就有乐趣的一面，我们应把它们展现出来，比如数学知识中的智慧火花，数学知识实用价值的奇妙之处，有趣的数学问题、有趣的数学规律、有趣的数学现象等都是数学乐园当中的一朵朵奇异的花朵。学生们一旦闯进了这样的乐园，他们在学习数学的过程中就能更深地感悟数学的本质，更容易构建数学思想，各种数学能力也都能得到有效的锻炼。

1. 利用数学的应用价值创设学生感兴趣的问题情境

数学既是一门很抽象的学科，也是一门在实际生活中有很强的应用价值的学科。这是数学学科发展的现实基础，是人们学习探索数学的动力源泉，在数学课堂教学中展示数学的实际应用价值，为学生提供感受数学应用魅力的数学问

题情境，能有效地提高学生的数学学习兴趣，能让学生体会到数学与实际生活之间的联系，培养学生的数学应用意识。如在学习扇形统计图时，提出商场为什么常常会出现断码衣服打折的现象，请同学们利用课件所给的资料和所学的统计学知识去寻找这背后隐藏的数学知识，提出如果你是商人会怎么办等问题，学生通过观察和分析，在利用数学知识去解释现象背后的原因的基础上得出解决问题的办法，既能提高学生的分析能力、观察能力，又能让学生得到用数学解决问题的成就感，发展了学生的数学应用能力。类似这样的数学应用，在生活中有很多，比如说根据比例可以测量大物体的高度，在学习计算物体的体积时，通过测算饮料包装盒的体积来大致判断有没有缺斤少两的问题。

2. 利用数学思维方法的魅力创设问题情境

在数学思维、数学方法方面创设学生感兴趣的问题情境，在创设的问题情境中，渗透想象、比较、类推、转换等思维，让学生在感受到数学思维方法魅力的同时提高学生的数学素养。

想象是思维探索的翅膀。爱因斯坦说："想象比知识更重要，因为知识是有限的，而想象可以包罗整个宇宙。"在教学中，如能积极引导学生进行数学想象，往往能达到意想不到的效果，在数学学习上会有奇妙发现，能够有效地锻炼数学思维。比较法在进行数学教学和解决数学问题时，主要是寻找相同点和不同点，从而发现数学知识中的一些规律和奥妙。转换思维能帮助我们利用已有的知识和方法来解决新问题。例如在教学探求平行四边形的面积时，可设置这样一个问题情境：曾国藩和太平天国打仗时，屡战屡败，完全是一个狗熊，给皇帝上奏战况时，他的幕僚如实奏报，曾国藩担心受到皇帝责罚，灵机一动，将屡战屡败中的"战"和"败"二字调换了一下位置，变成屡败屡战，皇帝接到战报后，大加赞赏，认为曾国藩是一个不怕失败的勇敢战将，高兴之余给予他和他的部将们丰厚的赏赐，其中就有三块土地，包括一块长方形土地、一块正方形土地、一块平行四边形土地，曾国藩想从中挑选一个面积大的，可他不知道哪块地面积大，你能帮助他挑选吗？这个故事情境中"战"和"败"二字的调换就隐藏着转换思维，学生接受这个故事情境时在思维上能得到启发，有助于学生探索并发现用将平行四边形转换成长方形或正方形的方法来计算平行四边形的面积。

3. 利用有趣的数学故事，创设学生感兴趣的问题情境

有趣的数学故事，让学生在体验数学乐趣的同时，有利于引起学生进行更深入的思考。如在教学加法交换律的时候，可借用“朝三暮四”的故事，学生在嘲笑小猴子傻的同时也在思考：把早上和晚上吃的梨子个数交换一下，总数是不变的！从而把枯燥抽象的概念具体化、游戏化，帮学生牢牢记住加法交换律，激起了学生思维的火花，真正让学生觉得数学很好玩！

数学并不是我们认为的那样枯燥单调，里面总是蕴藏着可激发学生兴趣的因素。例如在教学分数的意义和性质时，这个数学知识看似简单枯燥，但我们可先设计一个猴王分西瓜的故事：一天，猴王买了一个大西瓜，分成同样的 4 块，自己先吃了 1 块，一个小猴见了就吵着要 2 块，猴王便把第 2 块西瓜等分成 3 小块，给了这个小猴 2 块，另一个小猴跟着吵着说要 3 块，猴王就把第 3 块西瓜等分成 6 小块，给了另一个小猴 3 块，然后提出问题：谁吃得最多？这个故事情境能让学生在感到乐趣的同时激发学习的兴趣。

在认数的教学活动导入中讲述在棋盘格子里放麦粒的故事：一次，国王与大臣下棋，高兴之余问大臣想要什么赏赐。大臣说：请大王在棋盘上的第一个格子里放 1 粒麦子，第二个格子里放 2 粒，第三个格子里放 4 粒，如此直到 64 个格子都放满。国王觉得这是一个微不足道的赏赐，慷慨地答应了。可是应给这位大臣多少麦粒呢？ $1+2+4\cdots=18446744073709551615$ 粒，这些麦粒到底是多少呢？比全世界 2000 年生产麦子的总和还要多。国王哪有这么多的麦子呢？正当国王一筹莫展之际，国王身边一个聪明的仆人说：“陛下，这个问题很简单啊。”国王问：“怎么办？”仆人说：“您只要让他自己去粮仓数出那些麦子就可以了。假如一秒钟数一粒，数完 18446744073709551615 粒麦子所需要的时间，大约是 5800 亿年。就算日夜不停地数，终其一生也只能数出极小的一部分。这不是陛下无法赏赐，而是他自己没有办法取走赏赐。”国王大喜，最后大臣只好放弃国王的赏赐。这个课堂导入故事，引入了教学活动需要的数字，为继续学习数位知识提供了潜在的需求，调动了学生的学习积极性，使学生在体会到数学趣味性的同

时,感受到数学的价值。

4. 利用有趣的数学规律、现象、问题,设计课堂教学活动

利用有趣的数学规律、现象、问题,设计课堂教学活动,能把数学课变得简单、快乐,充满生机,使数学课成为学生学习成长的乐园,让每一个学生都能体会"数学好玩",在数学学习中享受数学的乐趣。

四、设计数学教学活动应注意的原则

1. 数学游戏等课堂教学活动的目的要明确,形式要简单

数学游戏等教学活动应为教学目的服务,应有助于突出教学重点,突破教学难点,能启发学生的思维,使学生掌握数学方法,从而提高教学效果。要把数学游戏等教学活动过程当作学生思维活动过程、数学知识的形成过程、实践和创新的过程。设计的数学游戏活动应具有可操作性,要简单易学,适合班级条件以及学生的年龄特点。

2. 要全体参与,有课堂纪律

课堂教学是面向全体学生的,必然要求所有学生都应参与到数学游戏等课堂教学活动过程中,获取过程体验,才能真正地为教学服务。运用游戏教学要注意在有序的课堂纪律下进行,假如组织无力,活动的秩序较差,就难以达到预期的效果。

3. 创设的问题情境应是学生熟悉的、感兴趣的,具有启发性

学生的知识经验是进行学习和探索等活动的智力支持,所有教学活动应建立在学生的认识的基础之上。为了更有利于学生去探究新知,所创设的问题情境必须是学生感兴趣的,是学生熟悉的,只有这样才能有助于启发学生进行观察、分析、比较等思维活动。

小学数学教学是一门富有情感性、形象性、独创性的艺术。在小学数学教学过程中,把数学的好玩因素与学生的好玩心理特点结合起来,利用多种形式进行数学教学,培养小学生的学习兴趣,激发学习的积极性和主动性,发展学生的智力。"玩"不仅是小学生渴望的,还是教师追求的一种教学方法。

安徽省肥西县肥光小学

强化引领，构建立体开放德育模式

徐应阔

安徽省肥西县肥光小学，创办于1949年。七十年的校史变迁，造就了学校丰厚的历史文化底蕴，特别是1958年1月6日，敬爱的周恩来总理亲临我校视察，深切地体现了党和国家对教育的关爱，这些成为学校发展史上最珍贵的篇章。六十多年以来，一代又一代肥光人牢记总理视察时的谆谆教导："教师要搞好教学，要好好教育儿童"，秉承"让每颗童心在关爱中成长"的办学理念，努力培养崇德向善、健康向上、儒雅向美、聪慧向新的"四向"好少年。安徽省肥西县肥光小学坚持立德树人的根本任务，把德育工作作为学校全面、协调、可持续发展的良好机遇，努力构建"立体开放、四向共育"的德育模式。近三年来安徽省肥西县肥光小学先后荣获"全国零犯罪学校""全国校园足球特色学校""安徽省第一届文明校园""安徽省教育系统先进集体""安徽省语言文字规范化示范学校""合肥市第一届文明校园""合肥市百姓身边的好学校""合肥市德育工作先进集体"等称号。

一、全员参与，构筑德育阵地坚固堡垒

上好思政课，打造德育最强阵地。安徽省肥西县肥光小学思政课以习近平新时代中国特色社会主义思想为指导，认真学习贯彻习近平总书记在学校思想政治理论课教师座谈会上的重要讲话及《关于深化新时代学校思想政治理论课改革创新的若干意见》精神，坚持上好每一节道德与法治课，教育、启发、帮助学

生树立正确的人生观、世界观。学校在师资队伍、教材研究、资源拓展、教法创新等领域加大改革力度，使思政课堂成为德育最强高地，引领学生扣好人生第一粒扣子。

强化引领，凝聚德育团队力量。安徽省肥西县肥光小学现有50个班级，学生2700名，每个班级就是一个强大的团队，每个教研组就是一面旗帜，他们在德育工作中起着重要的作用。为凝聚团队力量，在班主任培训、教研组建设、班级管理等方面，从德育工作目标出发，聚焦问题，发挥团队的力量，加大集体备课和现状研究，使每一位肥光人都成为德育耕耘者和实践者，构筑德育阵地坚固堡垒。

二、丰富课程，构建立体开放德育模式

德育课程是道德教育的重要载体，是学生道德养成的重要途径。在德育工作实践中，学校将少先队课程、德育活动、学科德育课程有机整合，相互补充，共同构成了学校德育课程体系。这种课程架构紧紧围绕学校“四向”育人目标，精心设计，通过课程引领、文化浸润、活动体验等立体化、全方位的理念和手段确保德育目标落地生根、开花结果。

精心设计少先队课程。各中队在大队部组织下，少先队课程主题鲜明、内容多彩、独具特色，开展了“我们的节日”、毕业礼、成长礼、入学礼等传统文化学习。精心设计安全、文明礼仪、爱国主义、革命传统等主题教育活动，实施路径从课堂延伸到课外，涵盖多种主题，在德育教育中发挥了重要的作用。

统筹谋划活动课程。组织开展爱国主义电影、革命传统教育、戏曲等主题活动进校园，开展“援疆手拉手”爱心捐赠、“学习青年习近平，争做新时代好少年”、向国旗敬礼、少先队建队日等主题活动，学生在活动中，思想情感得到升华，红色基因得以传承。

全面落实学科教学的育人功能。学科教学是德育教育的主要载体，不仅包括道德与法治、综合实践活动等课程，还包括语文、数学、音乐、美术、体育等其他学科的育人功能。通过对学科课程德育因素的挖掘来实现育人的目标。精心设

计学科教学中的情感态度价值观目标,将德育教育融入知识与技能、过程与方法教学中,体现全学科育人的功能。

扎实推进德育实践课程。根据《肥光小学“小眼睛看大世界”研学旅行课程实施方案》,各年级开展研学旅行活动,为学生提供了校外实践活动的空间和平台,学生的小眼睛看到校外的大千世界,在其中不仅收获了知识,更学会了合作、包容、坚强,增强了体验,增进了师生感情,这中间的德育教育成效,远胜于任何形式的说教。

三、擦亮品牌,打造德育文化肥光特色

继承革命传统,让红色基因代代相传。周恩来总理亲临视察的光荣校史成为一代又一代肥光人不可磨灭的记忆。在新的时代背景下,全体肥光人要更加珍视学校走过的七十年办学历程,珍爱这段光荣的校史,增强作为一名肥光人的自豪感。2015 年,学校建设了一座校史陈列室,用图片、文字和实物记录了周恩来总理对肥光师生的关爱,并将它作为向学生开展革命传统教育的一块重要阵地,让每个肥光学子在周恩来总理精神指引下,从小心中有爱、有梦想!习近平总书记在 2016 年 4 月视察金寨时指出:“革命传统教育要从娃娃抓起”。安徽省肥西县肥光小学在周恩来总理精神的指引下,坚持把培养“崇德向善”的好少年作为德育工作目标,加强少年儿童的革命传统教育,让红色基因在安徽省肥西县肥光小学这片热土上代代相传。省级主流媒体《安徽新闻联播》独家报道了该校的革命传统教育,收到良好的社会反响。安徽省肥西县肥光小学每年通过清明祭英烈、童心向党、纪念长征胜利、抗日战争胜利纪念日、十一向国旗敬礼、12 月 13 日南京大屠杀死难者国家公祭日、12 月 30 日革命烈士纪念日等重要载体,结合“小眼睛看大世界”红色研学、读书节、科技节、体育节、文化艺术节,对全体学生进行革命传统教育。学生积极参加实践活动,踊跃发表自己的感受和体会,纷纷表示要大力弘扬伟大的革命精神,发愤图强、奋发有为,争做“崇德向善”好少年,继续把革命前辈开创的伟大事业推向前进。

弘扬传统文化,让民族精髓熠熠生辉。在安徽省肥西县肥光小学,每个班级

都有一个精致的腰鼓专用柜,每个孩子一个腰鼓,每位老师都是腰鼓的传承人,时常呈现全校千人齐打腰鼓的壮观场景。一双鼓槌、一个腰鼓,敲打出的是文化,传递出的是民族精髓。安徽省肥西县肥光小学在“四向”育人目标的引领下,加强社会主义核心价值观教育实践,积极开展各类德育主题实践活动。开展“我们的节日”系列主题活动,传承中华优秀传统文化,通过精心设计“书香、艾香、粽香里的端午”“中秋佳节话团圆”“念亲恩、感亲意、抒亲情”等特色活动,引导学生认知传统、尊重传统、弘扬传统,增进爱国孝亲敬老的美德。2017 年寒假,安徽省肥西县肥光小学主动加入华东师范大学“生命·实践”教育学研究院和救助儿童会发起的“你好,寒假!”项目,以“关爱”为主题,分年级设置以“爱己、感恩、孝亲、友善、文明、奉献”为目标的活动,组织学生们外出实践,利用互联网等信息环境远程指导,让学生们在春节里学会自理、感恩、孝亲,体会“文明”的意义,培养了良好的行为习惯,感受到了中华民族深厚的文化底蕴和魅力,在他们心中播下中华传统文化的种子。在每年举行的以“孝敬、友善、节俭、诚信”为主题的经典诵读节上,师生吟诵、同台竞艺,让师生感受到经典的魅力,让校园弥漫着浓浓的书香。教师和学生的一个微笑、一声问好、一次鞠躬让美丽的校园变得和谐温馨!

参与志愿服务,让关爱理念处处闪光。在放学时段的安徽省肥西县肥光小学校门口和公交车站牌,总会看到这样一群人:身穿志愿者服装,头戴小红帽,疏导校门口秩序,护送学生过马路,他们就是平安校园的守护神——家长和党员教师组成的护校志愿者,他们是一道美丽的城市风景线,他们用爱与责任为安徽省肥西县肥光小学的学生铸就了一道道温馨的安全之墙。在社区、街道,每个角落常看到安徽省肥西县肥光小学小志愿者们忙碌的身影,那一顶顶小红帽、一件件红马甲、一句句善言、一桩桩义举都在诠释着“奉献、友爱、互助、进步”的志愿者服务精神,传承着中华美德。

回望来时路,我们欣慰地看到,在德育引领下,安徽省肥西县肥光小学这所有着厚重积淀的历史名校已然绽放出多彩的光芒!新时代的浪潮滚滚向前,人们对美好生活的向往更加迫切,对美好教育的向往也会更加强烈。“办老百姓满意的家门口好学校”,这是新时代肥光人的执着寸心,更是不变的教育情怀。坚守德育阵地,关注每位学生的核心素养,持续提升学校办学内涵,没有终点!

让每颗童心在关爱中成长

丁冬梅

童心是纯真、自由的生命状态，蕴藏着蓬勃的生命力和创造力，具有善良、健康、美好和充满想象的特质。苏霍姆林斯基在《我把心给了孩子们》一书中提出：学校对于儿童教育，首要是关注儿童的生活；而关注儿童生活最根本的就是呵护童心，从儿童成长的需要出发。童心，是一种没有受到成人社会污染的、具有一种天然自由的生命状态，蕴藏着蓬勃的生命能量和创造活力。童心有其自身独立存在的价值，学校教育对孩子的真正关爱是要给孩子一个“童心”世界，是帮助孩子全面发展、个性成长。我们应全方位优化育人途径，可以通过校园文化提升、重构学校课程，转变评价方式，让学生在关爱中滋养心灵、开启智慧、健全人格。

亚斯贝尔斯说过：“教育本身就是意味着，一棵树摇动另一棵树，一朵云推动另一朵云，一个灵魂唤醒另一个灵魂。教育是心灵的艺术，教育是人本教育，抓住学生的心灵，教育就成功了一半。”在教育管理实践中，笔者着力从以下三个方面让每颗童心在关爱中成长。

一、提升校园文化，润泽每个孩子的心灵

学生的发展，离不开校园文化的浸润。校园是学生生活与学习的重要场所，这个环境是否愉悦，是否有趣，对学生的学习和生活有着重要的影响。我们立足于学生心灵成长的需要，致力于从环境文化、课堂文化等维度加强校园文化的

建设。

美化“关爱”环境。为体现童心童趣,学校改变了千篇一律的张贴名人画像、名人名言的模式,主张把自主权放给学生,“我的地盘我做主”“我的教室我美化”“我的场所我装点”,让学生按照自己的创意去布置自己的校园。教室里、走廊上到处呈现的是体现学生童心童趣的涂鸦画等书画作品和自主向上的话语、手工作品,别具匠心的航模大厅、足球文化墙、美德长廊、戏曲脸谱等都出自学生之手。每一堵墙、每一个角落都在说话,悄悄地诉说他们成长的每一步。环境润物细无声地滋养着每位学生的心灵,这样的校园环境,更富有童真童趣,学生也更喜欢。

构建“关爱”课堂生态。在课堂上,确立民主、平等的师生关系,倡导师生平等交流,让教师从“权威”走向伙伴,积极赏识学生的见解和主张,让学生自由表达。教师在师生互动中发现学生的亮点,懂得赏识自己和他人,形成教师“向学生微笑”“为学生点赞”“与学生牵手”,学生“微笑参与”“点赞精彩”“牵手同伴”的绿色课堂生态。这样的课堂文化,学生是主人,他们受到赏识,受到尊重,积极性和兴趣自然而然便得以提高。

建设“关爱”阵地。加强“留守儿童之家”和“心理咨询室”建设,进一步发挥这两个功能室的作用,创新管理模式,营造温馨的活动和咨询环境,通过教师与学生进行心与心的交流与沟通,切实帮助学生克服成长中的障碍,润泽学生的心灵。

二、重构学校课程,滋养每个孩子的心灵

课程是实现学校教育目标的基本保证。在校本课程的开发与设计、实施与管理等环节,都要以关注并满足儿童身心发展需求为出发点,逐步形成基于童心、为了童心的课程文化。我们围绕“向善、向上、向美、向新”的育人目标,整合国家课程,开发促进学生全面发展的德育、健康、艺术和科技类的校本课程,为学生个性发展搭建平台,适应学生心灵成长的需要。

1. 课程重构

在教学管理进程中，我们从校情出发，通过课堂观察、学生访谈、家长问卷等形式，了解学生喜欢的课程并加以统计整理，开展调研分析，本着尊重学生心灵发展的出发点，充分利用教师、社团、校史等资源，形成具有学校特色的“关爱课程”基本框架。在“善”“上”“美”“新”四个主题框架下，根据学生的年龄层次和发展需要，不断丰富课程内容，形成“关爱课程”体系。在实践中遵循必修和选修相结合、年级与课程相适应的原则，如开设航模、足球、文明礼仪、活力大课间等学生必修课程。在低年级开设特色课程并加以实施，高年级与体育、综合实践等课程整合，每周一节。选修课程分年级设置，每周安排一个下午，学生走班。如在“蔬香拾趣”“巧炊小厨”课程中，学生整理归类劳作器具，分发种子材料，保持卫生整洁，记录文本日记，种植瓜果蔬菜，分享体验心得，增进情感交流，获得成长历程中的一笔宝贵财富。校本课程的开发和学生社团活动的组建，既宣传和推进了学校文化，又促进了学生对学校文化的认同和行为实践，让学生文化更有特色。

2. 拓展校园生活

校园生活可为学生提供个性化的生活实践服务，它是使学生心灵得以丰富和得到滋养的有效载体。依托活动，学生才能获得深刻的道德体验，从而提高道德判断力和执行力。校内，除了举办文化节、艺术节、读书节、科技节等传统活动外，还可根据学生实际和学校定位，举办戏曲节、足球节、航模节等具有学校特色的主题活动。校外，校园周边的生活街道和社区，是校园生活的重要区域，学生可从中丰富阅读资源、试听资源、网络资源和社会公共资源。如剪纸、曲艺、戏剧等资源的开发和利用，对学生理解传统文化、愉悦身心、丰富校园生活实践，无疑是非常有价值的。

3. 转变评价方式，丰盈学生的心灵

学科评价。我校改变以往在学生评价过程中一张试卷定高低的方式，从“童心”出发，关注学生发展的多元目标，注重学生的参与体验，不唯分数论。例如在一年级学生学习完汉语拼音和20以内加减法后，学校开展“肥光娃拼音王国闯关”“肥光娃数学王国遨游”活动，每个达标的学生都会获得一张通关证书；针对音、体、美等学科特点，整合信息技术，设计评价方案。通过开展网上问卷的形式采集学生学习、教师教学相关情况的信息，利用大数据分析评价学生学和教师教；在实践探索中，航模、足球等特色课程还根据不同年龄段学生的身心发展特点制定了评价标准，每学期对参与课程活动的学生进行评价。评价目的不是甄别，而是改进教师教学方式，激发学生的学习兴趣，增强学生学习的获得感。体育学科组的教师根据学生体质健康监测标准，制定了每个年级学生的体质健康标准，按计划分步实施。每个年级确定一名体育教师负责，定时在班级群里发布体育项目练习要点，要求学生在家练习，老师利用 QQ 群给予评价、激励和针对性指导。多元评价自实施以来，得到了学生家长的高度认可和大力支持，大大增强了学生学习自信心，提高了学习兴趣。

活动评价。学科每年举办的科技节、读书节、体育节、艺术节、研学游学活动中，根据活动目标，对每一位参与的学生进行评价与表彰，帮助他们更好地进步。另外，学校制定了《肥光小学“四向好少年”评选办法》，每学期末，评选出“向善好少年”“向上好少年”“向美好少年”“向新好少年”等奖项，目的在于表彰先进，树立榜样，激励学生向着“崇德向善、健康向上、儒雅向美、聪慧向新”的目标不断努力。

多元评价，让童真尽情绽放

赵德兵　丁向鸣

2017 年 11 月，安徽省肥西县肥光小学开展一年级秋季入学学生的期中测评，此次测评在学校“让每一颗童心在关爱中成长”的办学理念的指引下，以学校“四向”课程为抓手，推陈出新。学生的期中测评打破一张试卷考到底的形式，将期中考试举办成嘉年华。以活动为载体开展的“期中嘉年华”闯关，进一步推进学生学业评价方式变革。学生在“小小表演家”“生活小达人”“口算小能手”等闯关项目中完成期中测评，一年级的学生也在游戏中完成了人生中的第一次期中考试。

一、期中嘉年华的设计理念

《中国学生发展核心素养》指出，课程评价目标要由“为了学科学习”转变到“为了学生成长”；评价方式要顺应儿童身心、年龄段特点，让学生在游戏化的场景中解决真实的问题；评价过程是师生家长多维互动、共同成长的过程；评价工具是知晓与改进工具，为发现人的潜质、促进人的成长服务。基于培养学生核心素养，紧扣“生活情景、课程融合、游戏化、多元开放、团队评价”等关键词，以一年级秋季期中测评为试点，从目的、内容研发、评价主体、评价标准与工具、应用与改进等方面对学校的课程评价进行了整体设计。

教育部 2013 年 6 月 3 日发布《教育部关于推进中小学教育质量综合评价改革的意见》，倡导新的评价体系。而上海市给出的义务教育质量“绿色评价”指标体系，上述两个评价体系俗称“绿色评价”，而“教育绿色”一般是指遵循教育规律、符合学生身心、促进师生健康全面发展的状态。无论是基础教育课程改革所倡导的发展性评价，还是目前全国所倡导的“绿色评价”，其根本宗旨都在于促进学生终生可持续发展，亦即有效发挥评价的多元功能，以激励学生发展、全面评估学生的发展状况、关注发展潜能、着眼于终生可持续发展为根本。

“重过程、促发展”的评价总体要求，强调了课程的评价要利于学生全方位的成长和进步。对于学业而言，评价发挥着不可比拟的作用，它决定着整个教育教学的思路和方法。课程改革中，评价也被当作制约课程改革向深水区迈进的一个关键点和突破口被提及。目前的小学学业评价依然是“穿新鞋走老路”——以考试评价为主。这种方式重视结果，忽视过程，重视结论性评价，轻视形成性评价。它无法培养学生的综合素养，不能更好地提高学生的综合能力。新一轮课程改革以促进学生发展为原则，学生的发展是一个动态的、持续提升的过程，这要求每一阶段的教学要依据学生身心发展特点，促进学生进步。小学低年级是“打基础”的阶段，如果我们在低年级时期没有通过有效的手段促进学生学习积极性的提高，必然会影响中高年级学习兴趣的形成，使得学生良好的学习习惯无法养成。因此，通过丰富的、可操作的、学生喜闻乐见的“评价”方式去有效促进学生成长变得尤为重要。

基于“儿童本位”的学生立场，期中嘉年华通过创设游戏情境，设置闯关卡，父母与孩子共同完成实践任务单，一起智勇闯关，学生自评、教师师评和学生家长评多种评价方式，也为了进一步达成此次的活动目标：落实学校“让每颗‘童心’在关爱中成长”的办学理念，培养“崇德向善、健康向上、儒雅向美、聪慧向新”的肥光好少年，促进学校、教师和家长全面了解一年级学生入学以来品德、学习和生活等方面的进步情况，通过融合课程与生活的综合素质评价，增强学生学习自信心和对校园生活的热爱，展示新优质学校创建的魅力。

二、测评活动项目及设计依据

遵循小学教育的基本规律和小学生的身心发展特点，切实减轻低年级学生的课业负担。期中嘉年华在吸取往年一年级无纸化测评的好经验好做法的同时,整合学科内容,设计了语文应用类、数学实践类、道德与法治类、体育与健康类、音乐类、美术类六大类测评项目。其核心在于改变传统的以试卷检测、统测的评价方式,以学习者为中心,减轻学生的课业负担,探索出体现校本化特色的评价机制,突破以学科知识传授为主的单一质量追求,更加关注以人的全面和多样发展为特征的评价体系。

语文应用类设计了三个闯关项目,分别为"小小表演家""红苹果乐园""风车转转乐",这三个项目分别考核学生的汉语拼音拼读,韵文、儿歌的朗读,古诗文和课文的背诵。

汉语拼音作为低年级教学的难点,主要表现为难记,以及拼读和书写要求高。《义务教育语文课程标准》对汉语拼音的学习与教学做了三点重大调整:一是从"背诵"到"熟记",从"默写"到"正确书写",降低记的要求;二是从熟练拼读、直呼音节到准确拼读音节,降低拼读的要求;三是降低书写的要求。基于汉语拼音教学的三点转变,结合统编语文教材中汉语拼音学习的单元内容,设计"小小表演家"关卡,通过拼音节、做动作,让学生感受到拼音的趣味,而不是机械地背诵声母韵母表。

针对学生认读的实际,结合低年级教材选文的"韵语组合"特点,统编语文教材的"国家意识,民族情怀",通过安排与学生生活联系紧密的构思精巧、语义相关的儿歌韵文,让学生借助拼音,正确朗读。针对传统文化进校园的要求以及统编教材的课后习题要求,设置"风车转转乐"关卡,让学生自己选择背诵篇目。语文学习侧重学生"听说读写"能力的全面提升,通过丰富多彩的语文实践,让学生建构起语文知识结构,提升语文素养。三个关卡的设计将"语言文字运用"贯穿始终,也让学生在真切的言语实践活动中,帮助学生主动建构其自身的言语经验,实现知识的内化。

数学实践类有"火眼金睛"和"口算小能手"两个关卡。"火眼金睛"涵盖了认识初步的方位,学会简单的分类和比较。《义务教育数学课程标准》第一学段指出:"对身边与数学有关的实物有好奇心,能参与数学活动。"数学口试旨在突破纸笔测试难以考查、以隐性状态出现的基本思想和基本活动经验，考查学生对过程性内容的掌握情况、对知识技能理解性掌握的程度，以及解决问题策略的选择能力。数学评价活动的设置遵循形式新颖、设问巧妙清晰、载体活泼多样、选材背景注重学科之间及学科与生活经验、基本思想的理解和运用程度之间的联系，关注学生现实，符合学生实际。这种评价形式能够相对准确地测评学生已有的基本数学素养和基本能力。例如，“火眼金睛”设置与学生生活情境相关的事物，学生通过思考后能说出图案中事物的轻重、大小、高矮、长短，分清左右。“口算小能手”则与信息技术相融合，通过口算游戏闯关，让学生完成随机出现的10以内口算题。闯关类游戏的关卡从易到难，逐步提升题目难度，也引导学习者克服各种困难，层层闯关，以达到巩固知识、不断进步的目的。数学实践类的两个关卡表现形式多样，既要考虑小学数学的学科特点，又要兼顾一年级小学生的认知规律，也要符合课标中数学课程学习评价中的“评价既要关注学生数学学习的水平，也要重视学生在数学活动中所表现出来的情感与态度，帮助学生认识自我、建立信心”。

道德与法制类如《义务教育品德与社会》和《义务教育学校管理标准》中的“培养学生生活本领”以及贯彻《关于加强中小学劳动教育的意见》，结合一年级学生的生活、学习实际，设置了“生活小达人”和“小小交通员”两个关卡。

道德与法制的课程性质集中体现在综合性、实践性、开放性三个方面。其课程的三大基本理念，即帮助学生参与社会、学会做人是课程的核心；学生的生活及其社会化需求是课程的基础；提高德育的实效性是课程的追求。作为一门交叉学科，此次测评以生活中系鞋带、穿衣服、叠衣服和了解遵守交通规则为主线，点面结合，将课程考评渗透到学生每天的日常生活中。

体育与健康类的测评项目结合国家体质健康检测，设计为“跳绳我最棒”，借此希望学生掌握跳绳的基本技术与技能，发展学生的协调性，锻炼上下肢肌肉力量，提高跳跃能力，激发孩子参与体育运动的兴趣。《义务教育体育课程标准》基本指出：“通过课程的学习，学生将掌握体育与健康的基础知识、基本技能与方法，增强体能；学会学习和锻炼，发展体育与健康实践和创新能力；体验运动的乐趣和成功,养成体育锻炼的习惯。”此次测评以一年级孩子的跳绳项目为切入点,借此让学生每天坚持锻炼,真正做到“阳光体育半小时”。

美术类的测评项目为“巧手我会做”,此项关卡要求学生利用橡皮泥做各种造型,并用小棒把造型穿起来,交给评委老师评定。这一项目落实《义务教育美术课程标准》中的“造型表现”学习领域的分目标,让学生体验造型活动的乐趣,敢于创新与表现,产生对美术学习的持久兴趣,通过各种美术教材、技巧和制作过程的探索和实验,激发学生的好奇心和想象力。在低年级学生中采用造型游戏的方式,进行“糕点”主题的创作,也符合总目标中的“学生在美术学习过程中,丰富视觉、触觉和审美经验,获得对美术学习的持久兴趣,形成基本的美术素养”。

三、测评项目实施及问卷分析

此次期中嘉年华打破了以往教室作为测评地点,教师作为评价主体的形式,创新地根据班级人数以及活动项目分为两个时间段,不同的时间段里完成不同的任务。在学校,学生和父母一起完成闯关卡的 10 个项目;在家里,学生完成《肥光小学 2017 级新生期中综合实践任务单》,制作卡通头饰,佩戴头饰完成校园闯关、背诵童谣,发送至班级群展示、画一幅包含数字的“数学画”,所有的任务都以选取一年级孩子感兴趣的点进行延伸并渗透学科间的融合,促进学生的融会贯通和全面发展。

在学校,孩子和家长通过努力,协同闯关。闯过一关就能获得相应的印章奖励,所有关卡闯关完毕后,学校领导组成员亲手给孩子佩带校园徽章,完成“梦想的胜利者”的闯关仪式。

测评结束后对参与活动的家长发放问卷,共收到 368 份问卷,剔除无效问卷 2 份,有效问卷 366 份。问卷设置了 9 个题目,第一、二道题目主要用于了解孩子的性别和谁带孩子来参与活动。第三、四道题目主要为了掌握孩子参与闯关获得的星星总颗数以及单项三颗星的项目总数。第五、六道题目则是对孩子薄弱和最喜欢的项目活动进行摸底。第七、八道题目则是了解家长和孩子对无纸化测评的喜好度。第九道题目为开放性题目，用于收集家长对无纸化测评的意见。

通过 Excel 软件对纸质问卷数据进行录入处理，逐项分析如下：

1. 学生性别

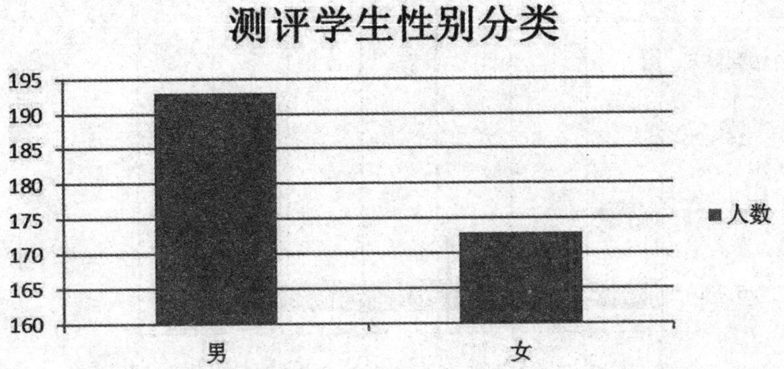

回收的有效问卷共计 366 份，其中男生 193 人，女生 173 人。数据显示男生占比 52.7%，女生占比 47.3%。男女生比例基本平衡，男生相较女生略多。

2. 陪同测评家长类别

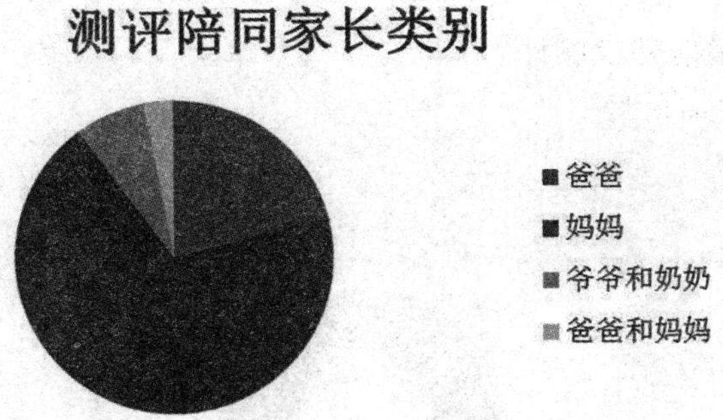

在进行无纸化测评前，已经由各班班主任告知当天的活动尽量由父母抽出时间和孩子一起完成。数据显示当天由妈妈陪孩子完成测评占大多数，共有 253 位妈妈陪同孩子参与测评，占比 69%，其次是爸爸 76 位，11 对父母共同来学校陪同孩子完成测评，26 位爷爷或奶奶陪孩子完成测评。整个测评过程，由爸爸或妈妈陪着完成的占比超过92%,较好地达成了预设的目标。

3. 学生测评星星颗数合计

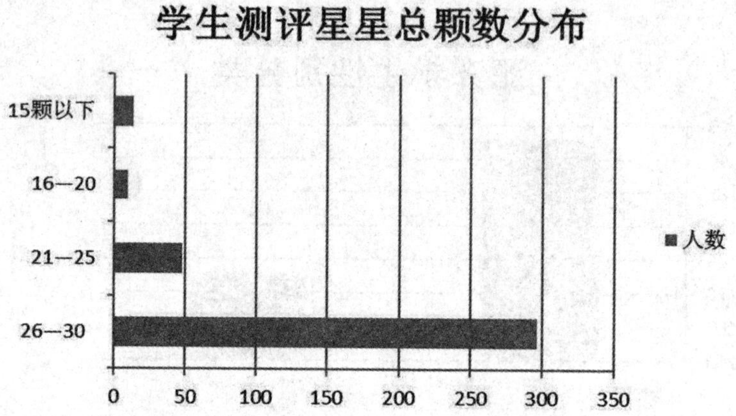

本次测评共有十个项目,每个项目最高等级为3颗星,孩子全部高质量闯完能够获得30颗星星。孩子通过测评,合计获得26—30颗星学生人数共计296人,21—25颗星为48人,16—20颗星为9人,15颗星星以下的13人。获得26—30颗星的学生数最多,约占参与调查问卷总数的80%,也反映出大多数学生都能够较高质量地完成测评。

4. 3颗星项目数

测评每个项目的最高等级为3颗星,学生通过十关测评项目,参与调查问卷的366位孩子,十项活动都是3颗星的共有75人,8项或9项为3颗星的有211

人,6 项或 7 项为 3 颗星的有 56 人,5 项以下为 3 颗星的有 24 人。将近 93% 的学生在十个项目中至少能够在六项活动里达到优秀等级,得到 3 颗星。

5. 学生测评较弱项目分布

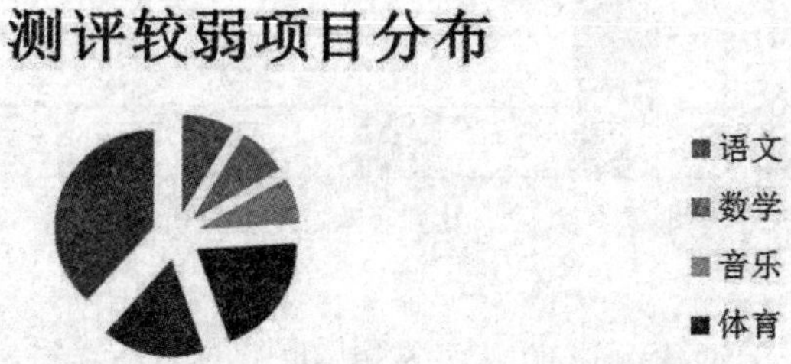

参与问卷调查的家长认为孩子在语文、数学、音乐、体育、手工、生活的测评较为薄弱的人数依次为 31 人、29 人、28 人、75 人、62 人和 141 人。认为最弱项目集中在生活、体育和手工上。生活小达人的关卡安排了系鞋带、穿衣服、挂衣服三项任务,平时大多数一年级孩子还未完全能够独立穿衣系鞋带,导致超过三成的家长认为孩子在生活板块方面是最弱项目。

6. 学生最喜欢测评项目

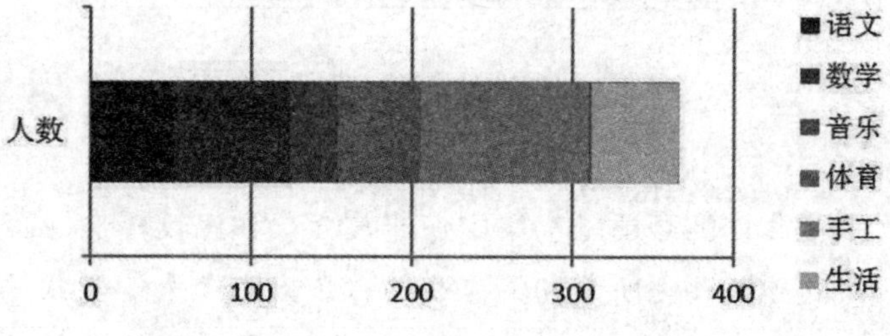

问卷数据显示,参与调研的六大板块学科内容,最喜欢人数分别是语文 52 人、数学 72 人、音乐 29 人、体育 53 人、手工 105 人、生活 55 人。手工项目通过彩泥来制作糕点,数学则借助平板的数学游戏,体育则考察孩子们熟悉的跳绳项目,这三个项目的活动性和趣味性较强,因此手工、数学和体育位列学生最喜爱的测评项目前三。

7. 学生对无纸化测评的态度

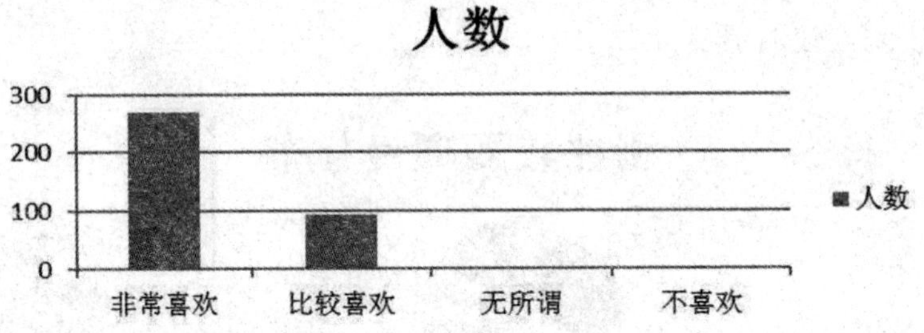

学生对无纸化测试的喜恶态度，非常喜欢的有 268 人，比较喜欢的有 92 人，对此类测试无所谓和不喜欢的各有 3 人。98% 的学生喜欢此类测试，由此可见，此项活动坚持了儿童本位，也从儿童立场出发，以儿童的活动为切入点开展活动，得到了孩子的喜欢。

8. 家长对无纸化测评的态度

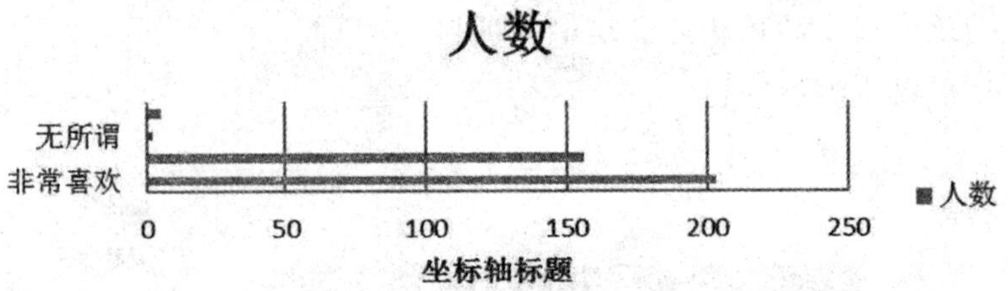

家长对无纸化测评的态度基本集中在非常喜欢和比较喜欢，两者分别为 203 人和 156 人。对此项测评无所谓和不喜欢的有 2 人和 5 人。此次测评要求孩子需要在大人的陪同下共同来完成测试，也给家长提供一个对学校工作了解的机会，数据也显示 98% 的家长认可此项活动，无纸化测试也给予家长和孩子一个交流的机会和平台。

四、测评活动的反思与展望

评价通常是指通过详细、仔细的研究和评估，确定对象的意义、价值或者状态。小学学业中的评价是一种手段，是杠杆，不是学习的目的。使用评价这一手段的目的是促进教师的教和学生的学，为整个教学服务。

从2016年开始，我校的一年级期中测评就在县域内先行实行无纸化测试，2017年的秋季学期的测评更是融合义务教育阶段所有必修科目，用闯关游戏调动学生的学习兴趣，掌握知识，变考试为“乐学”。在实践的过程中，发现这类的测评更符合学生的认知发展特点，学生和家长也对这样的评价方式表现出浓厚的兴趣，测评的过程也基本是全员参与，得到了良好的反馈。对测评活动，也得到如下反思：

1. 无纸化闯关促进学业评价形式的多元化

课程改革最终的落脚点依然是对学业评价的改革，对小学低年级的教学而言，学业评价更是课改的重中之重。小学低年级学业评价应该具有检查和诊断、反馈和促进、甄别和选拔等多种功能。小学学业评价设计力求避免繁、碎，不搞形式主义，要注重实效性和可行性的结合。同时，要注意参与评价主体的多元性，不仅是教师的评价，还包括学生的自评及生生互评，鼓励家长、社区也参与其中。实施评价时要尊重学生的主体地位，面向全体学生，尊重个体差异，促进每个学生的全面发展。期中嘉年华就注重发挥多种评价主体，学生完成的实践任务单就由自己评价、老师评价和家长评价三种评价形式，充分发挥了多种评价形式。

2. 闯关形式契合儿童的游戏动机

期中嘉年华设置了多种游戏关卡，利用游戏的挑战性、竞争性等特性使得评价更有趣，更能激发起学生的兴趣。无纸化测评活动的游戏化，就是将游戏元素、游戏的方式等应用到一些非游戏的场景中。如对数学的知识点的考查，用动手摆一摆，对语文拼音的考查，通过拼读音节并自己演一演等方式进行。每个学生的反应速度或快或慢，认识问题或深或浅，领悟到的境界或宽或窄。不同学生对评价内容会有多元的、不同水平、不同层次的回应，游戏思维呵护并尊重这种差异。学生在闯设置的每一个关卡，都会盖上相应的印章，由等级替换分数，使闯关结果贴合儿童的“游戏精神”。游戏是儿童最受欢迎的一种方式。儿童最根本的思想、行为等就是在游戏中获得发展和表现的。随着教学的层层深入，单一的书面评价方式已经让人疲倦，失去了新鲜感。游戏的形象性、层次性、关联性和可扩展性，能将大脑思维过程具体化、可视化，而游戏结果的即时化和直观化，更能满足儿童的“游戏精神”。利用生动有趣的活动来检查学生的学习效果，这种考试显然对学生充满了吸引力。学生通过课堂学习所掌握的各科知识成了闯关的“利器”，学生自然就会意识到课堂认真学习知识的重要性，从而在之后的学习上将更具主动性与自觉性。“期中嘉年华 ”让更多的学生参与知识学习与测评过程，让测评更加活泼有趣。

3. 家长评价功能尚未完全发挥

无纸化测评的“期中嘉年华”，让学生期中学业评价变得更加有趣，无数的关卡成为连接学习和评价之间的桥梁，让学生感到考试和玩游戏一样，充满着无限乐趣。无纸化测评也意味着评价者与被评价者都将纳入评价活动的设计。此次嘉年华的评价主体虽然安排了自评、师评和家长评，但是家长参与评价的项目数量还是较少，通过对测评家长的培训，感知学校的办学理念，感受“创生适合学生的教育”变化，加深对学业评价的功能的新认识，促使让家长去领会理解这一创新的做法，最终的落脚点都是为了孩子全面的发展。

每所学校都会进行期中考试，以检验学生的学和老师的教，但“考试嘉年华”并非每一所学校都会去做。测评的评价也指向学校的办学理念和育人目标。当前的安徽省肥西县肥光小学以创建合肥市第二批新优质学校为契机，深化课程改革，创新评价机制，打破“唯分数论”，让童心在多彩的课程、多元的评价中学习成长！在改进学生学业评价模式的过程中，学校通过创新评价机制，在学校办学理念、育人目标以及各学科课程标准的基础上，鼓励、引导、监督教师转变观念，创新评价模式与方法。通过教师阅读微分享，各学科组织教研活动和外出学习参观考察，不断提升教师业务素质，更新教学与评价理念，积极探索适合学生年龄和认知特点的多元化评价模式，设计科学的评价任务，使评价真正发挥激励学习、促进教学的作用。

一年级期中测评变笔试为期中嘉年华，出发点的本意就是站在学生的立场上以学生喜闻乐见的方式去测评检验学生的学，为的是减轻学生的负担，本质是践行素质教育。期中嘉年华作为改进学业评价的一种尝试，最大限度地发挥学生的学习自主性，保证了评价的多元性。未来我们将继续探索新的测评方式，以打破过去测评多以命题者的个人经验为主进行设置，考试内容的人为性和主观性较明显。评价局限于学生所掌握的知识，没有全面反映出学生的学业能力，而且所测知识以记忆性知识为主，缺乏知识之间的联系及其综合运用。

谈小学语文读写结合教学模式的应用

王亚男

读写结合是将阅读与写作融为一体的小学语文教学模式，其应用于小学语文教学中并可以全面地培养学生的语文素养。本文从引导学生仿写出发，提出了以写促读和以读带写两种具体的读写结合的教学策略。

在小学语文教学中，写作和阅读通常是割裂开的，特别是在低年级，语文教学以阅读为主。显然，出现这种教学现状的原因是教师没有认识到写作和阅读是一个有机的整体，两者可以相互促进、共同发展。针对这一情况，在小学语文教学中可以引入读写结合教学模式，将阅读和写作融合起来，促进学生语文综合素养的发展。

一、小学语文读写结合的教学模式

小学语文读写结合是一种创新的教学模式，它将阅读教学和写作教学融合起来，从低年级开始同时发展学生的阅读和写作能力，以最有效的教学手段发展学生的语文综合能力。读写结合教学模式遵循了语言习得理论中的基本规律。语言习得理论认为要掌握一门语言，必须有大量的输入和输出。根据语言习得理论，阅读是输入环节，写作是输出环节。在一次语文教学中，既有输入环节，又有输出环节，其对学生的各方面能力发展有非常好的促进作用。

二、小学语文读写结合教学模式的应用方法

小学语文读写结合教学模式主要是抓住读和写的密切联系，可以从引导学

生仿写入手，进一步发展至以写促读和以读带写环节。下面就从这三个方面探讨小学语文读写结合教学模式的应用方法。

1. 仿写渗透，夯实基础

仿写是指根据已有的内容模仿写作的一种方式，可以是仿写句子、仿写段落，也可以是仿写整篇文章。在小学语文教学中，教师要根据学生的发展特点安排仿写练习。对于低年级小学生，教师可以引导他们仿写句子；对于中年级小学生，教师可以引导他们仿写段落；对于高年级小学生，教师则可以引导他们仿写整篇文章。在仿写过程中，学生可以学习阅读材料中的词、句、布局、修辞等，这样不仅仅强化了对语言基础知识的学习，还夯实了基本的写作能力。由于仿写比较简单，建议从小学一年级就开始将仿写融入阅读教学中。

《影子》是小学一年级上学期的一篇课文，体裁是儿童诗，整篇文章非常简洁生动。在教学过程中，教师可以先让学生阅读课文。在熟读课文后，教师再让学生仿写段落。本课文第二段的内容为："影子在左，影子在右，影子常常陪着我，它是我的好朋友。"有学生仿写出这样的段落："爸爸在左，妈妈在右，爸爸、妈妈常常陪着我，他们是我最爱的人。"虽然学生仿写的文字非常简单，但是这个过程让学生有了初步的写作体会，这对小学生来说是一件非常激动人心的事情，会对学生的未来发展产生极大的影响。在本次教学中，教师让低年级小学生仿写简单的课文段落，有两方面的好处：一是，可以让学生学习品味文章的方式。学生在仿写过程中，会仔细阅读课文，体验儿童诗的节奏和韵味。二是，可以让学生学到初步的写作知识。学生在仿写过程中，能够模仿造句，将句子连接成段落。可以看出，长期进行仿写练习，可以帮助学生打下扎实的语文基本功，为后续的发展奠定基础。

2. 以写促读，建构理解

小学语文课本以不同题材的课文为主线，因而教学十分重视课文的阅读。小学课本中的不少课文具有一定深度，对小学生来说只能从文章的表面去理解。这种现象造成了学生的浅层学习，对学生在语文学习上的发展非常不利。针对这一状况，教师可以采取读写结合的教学模式，将阅读和写作结合起来，以写促读，引导学生体会课文的深层意义，从而建构起对课文的深度理解。在教学实施中，教师可以先创设情境，引导学生进行简单的写作练习，再将写作练习与课文阅读联系起来，进入课文阅读教学中。

《秋天的雨》是小学语文三年级上册的一篇写景文章。这篇文章采用了大量比喻、拟人等修辞手法，将秋天的雨活灵活现地呈现在学生的眼前。为了让学生感受到课文中的美，教师可以采用以写促读的教学方法。在教学开始阶段，教师使用多媒体播放春天美景的视频，再要求学生自己写一段有关春天美景的文字。在学生完成写作任务后，教师带领学生阅读课文。学生阅读课文，并将课文和自己所写的文字进行对比。他们发现课文中采用了许多高超的写作技巧，而自己的文字则是干巴巴的。通过强烈的对比，让他们对课文中许多描写的句子产生很深的印象。比如，有些学生将"你看，它把黄色给了银杏树，黄色的叶子像一把把小扇子，扇啊扇啊，扇走了夏天的炎热"记在了摘抄本上。在以后的写作中，他们可能会采用类似的描写方法。在本次教学中，教师没有立刻进入阅读教学中，而是创设情境，让学生写一段相关文字。接着，教师让学生阅读课文，他们自然会对比课文与自己的作文，这让学生体验到课文中描写景色的巧妙手法，使学生更加深入地建构起对课文的理解。通过以写促读的教学策略，学生学习课文的动机也加强了。

3. 以读带写，强化能力

阅读可以帮助学生积累大量的语文基础知识，并能够让他们体会语文基础知识的应用方法。如果将阅读教学和写作练习结合起来，会更有效地强化学生的语文能力，学生在阅读中获取了对某些语言知识的认识。通过即时的写作训练，可以让学生将所学到的语言知识应用起来，不仅仅强化了学生对语言知识的记忆，更为重要的是帮助学生体会了语言知识的应用方法。教师在实施读写结合教学模式时，可以采用以读带写的教学策略来提高学生的语文综合能力。

《生命 生命》是小学四年级下册的一篇散文，描写了生命的顽强和力量，可以引发学生对生命的思考，从而帮助他们建立起正确的生命观。在课文的阅读教学过程中，学生被课文中所描写的各种神奇的生命现象所吸引住了。教学结束后，教师布置学生在课外对各种生命现象进行观察，然后自己也写一篇有关生命的作文。在本次教学中，教师先带领学生进行课文阅读，然后根据课文的主题布置学生在课外开展写作练习。通过以读带写，可以使学生将所学到的语言基础知识应用起来，从而提升学生的语文素养。

综上所述，读写结合的教学模式对小学语文教学的本质回归及发展学生的语文综合素养有非常重要的价值。在教学过程中，教师可以引导学生从仿写出发，逐步进入以写促读和以读带写的教学阶段。

传统游戏在体育教学中的应用

黄迎年

随着新课改的实施,游戏教学在小学教学课堂中的应用越来越普遍。传统游戏不仅趣味性强,而且简单易学,对小学生具有非常强的吸引力。通过在体育教学中应用传统游戏,能够让学生在轻松的学习氛围中完成对体育知识与技能的学习,提升课堂教学效果。本文结合自身的教学经验,对当前传统游戏在体育教学中的应用进行了探究,以此完善小学体育课堂教学手段,提升教学质量。

游戏教学具有灵活性与多变性,能够调动学生的积极性与活跃性,进而提高课堂教学效果。所以游戏教学已经成为当前课堂教学的一种重要手段,尤其是伴随着我国新课改的实施,更加强调学习的自主性与趣味性。通过游戏教学能够将教学内容与游戏方式相结合,寓教于乐,在轻松、有趣、活泼的氛围中完成教学目标。小学体育教学对象主要是有着童真童趣的小学生,他们对于外界事物的认识来自游戏。因此,探究传统游戏在小学体育教学中的应用效果对提升体育课堂教学效果具有十分重要的意义。

一、传统体育游戏的特点分析

我国历史发展悠久,在漫长的历史发展中,各民族都形成了自己独具特色的传统游戏文化。对其特点进行分析可以发现,首先,从形式上更加简单,取材更加多样,也更加方便。很多游戏只需要简单的身体配合便可完成,比如跳绳、花毽、拔河、踩高跷等。而在器材选择方面,很多游戏都可以采用自制或者废旧物品代替,如抢花炮游戏中的花炮可使用废旧铁丝圈,取材方便而且环保。

其次,传统游戏具有丰富的历史人文气息。很多传统游戏都是不同民族在漫长的历史发展过程中逐渐形成的,具有丰富的人文思想内涵。前面所提的侗族的抢花炮游戏便是如此。每当抢花炮这一节日来临时,不论男女老少都会身着盛装跑向岩坪,既可以为村寨加油助威,也可以帮助年轻的姑娘选择如意郎君。正是由于这种浓厚的历史人文气息,促使传统的体育游戏更具教育性与民族性。在漫长的历史发展过程中,各民族的文化精髓与传统游戏深深融在一起。这让传统的体育游戏项目含有丰富的文化精神内涵。所以,通过在小学体育教学中应用传统游戏,更有利于传统文化的传播。

二、体育教学中应用传统游戏的意义

有效提升学生的学习积极性与体育技能水平。在小学阶段的体育教学中,引入传统游戏,可以有效提升学生的运动积极性与体育技能水平。通过应用传统游戏,使课堂气氛更加活跃,学生的学习积极性更高。在教学理念上,教师更加注重学生的情感体验,通过教学内容设计满足学生的多元化学习需求。而且改变了传统的教学模式,寓教于乐,学生的上课积极性与主动性大大提高,能够更加积极地融入课堂教学中,更加自主地学习体育知识与技能。而在这种潜移默化中,学生对于体育内容学习的积极性和体育技能水平均得到显著提高。

学习形式更加多样,有利于帮助学生理解教学内涵。在小学体育游戏中应用传统游戏,通过组织学生参与教学游戏,对学生循循善诱,逐步引导学生在游戏过程中提升学习技能。而且,由于小学生的年龄特点原因,采用寓教于乐的方式更符合该阶段小学生的心理特点。根据以往的教学经验来看,小学生的年龄较小,只采用单纯的课堂讲解方式,向学生讲解抽象的体育理论知识,不利于学生对教材内容的理解与掌握,而且常常会由于课堂内容的枯燥乏味降低学生的学习积极性,不利于课堂教学效果的提升。而在课堂教学中引入传统游戏之后,学生能够以更加适合自己的方式参与其中,对教学内容印象更加深刻。而这对加深学生对体育教学内涵的理解具有十分重要的意义。

三、传统游戏在体育教学中的应用分析

传统游戏在准备活动中的应用。在小学阶段的体育教学中,准备活动是激发学生求知欲和好奇心的重要活动环节。在准备活动中应用传统游戏,首先能够激发学生在准备活动环节中的积极性,引起他们对体育活动学习的兴趣,从而激发他们对接下来的体育活动内容学习的积极性。在准备环节中,学生可根据体育教学任务设计,将其穿插在传统游戏中,让学生在做游戏的轻松氛围中完成教学内容的学习。比如在体育课的准备活动中引入大脚板步调游戏,学生通过参与该类游戏,不仅学习积极性大大提升,对体育活动内容的兴趣也被激发,因而在课堂学习过程中注意力会更加集中,学习效果自然更好。而且通过学习,学生还熟练掌握了平衡感与协调感,为后续的体育活动内容学习奠定了坚实的基础。

传统游戏在体育教学中的应用。体育活动是一个比较复杂的过程,不仅需要学生熟练掌握各种理论知识,还需要在实践过程中加以运用。在传统的体育教学中,教师往往都是将理论知识与体育实践分开进行,先理论后实践,将体育课堂变成了枯燥无味的理论讲座,学生听得一知半解,对于体育专业知识掌握水平自然不高。通过引入传统游戏后,学生的学习积极性显著提高,体育理论知识与技能学习不再变得那么枯燥,而是变得非常有趣,学生更乐意参与其中,学习热情更加高涨。比如当前在一些小学体育教学中,将踩高跷的游戏引入体育教学中,可对学生进行分组,每组发放1副高跷,然后组织学生进行“巨人走路”的游戏,可以让小学生展开想象,想象“巨人走路”的样子。当学生进行过多次尝试之后,会对这一活动产生浓烈的兴趣。

而在这一背景下,教师可向学生提问:为什么大多数人都站不稳呢?有没有什么好的办法帮助他们站稳?诸如此类的问题,充分调动学生的积极性,让学生充分思考。最后,再通过让学生两人一组进行合作尝试,教师在旁予以指导,让学生掌握踩高跷的基本方法之后,再对其进一步指导,引导学生深入思考如何能够带着高跷快速前进,如何跨越简单的障碍以及如何进行接力跑等,既能锻炼学

生的思维能力，促进智力发展，同时又完成了体育锻炼，提升了学生的身体素质。

除此之外，在体育教学结束时，教师也可以应用传统游戏与学生做一些轻松愉快的活动，让学生的运动器官逐步由运动状态恢复至正常状态。比如，在教学结束时，教师可以组织学生玩滚铁环游戏，既能放松学生的肌肉，同时又能对各关节进行调节，让学生以轻松愉悦的心态完成体育课内容的学习。

综上所述，游戏教学是当今小学课堂教学的重要方式。将传统游戏引入到小学体育中，能够让课堂教学内容更具趣味性，从而让学生更加积极主动地学习体育课堂知识。因此，在体育教学中，体育教师应该大力应用传统游戏，将体育课堂教学内容与传统游戏进行完美融合，让学生在轻松愉快的课堂氛围中完成体育课内容的学习，提高身体素养，达到小学体育教学的教学目标。